데스티니 : 하나님의 계획

데스티니

: 하나님의 계획

고성준

규장

인생의 길을 묻는 이들에게
추천합니다!!

이 책을 펼치면 베토벤의 〈운명 교향곡〉을 듣는 것처럼 흥분이 된
다. 나를 향한 하나님의 놀라운 계획이 비로소 펼쳐지는 기분이다.
　저자인 고성준 목사님을 코스타에서 처음 만났다. 그 후 저희 교
회에 오셔서 말씀을 전해주기도 했고, BAM 사역을 위한 집회에서도
몇 번 만났다. 그때마다 목사님께서 전해주는 말씀을 들었는데, 빨
려들 듯 하나님께로 인도함을 받는 것 같았다. 말씀을 들으며 메모
를 많이 했는데 이번에 책으로 출간되어 너무나 기뻤다.
　고성준 목사님은 이력이 독특하다. 버클리 출신의 수학박사이다.
그런 사람이 목사가 되겠다고 했을 때 주변에서 얼마나 말이 많았
겠는가? 그러나 그는 지금 행복하다고 한다. 목사를 향한 세상의
시선이 따가운데도 말이다. 그는 그 이유를 자신을 향한 하나님의
데스티니(destiny)를 따라 살았기 때문이라고 했다.

4

DEST NY

　저자는 서울대학교에 입학했지만 행복하지 않았다고 했다. 한참을 방황하다가 "단 한번뿐인 소중한 나의 인생을 가장 가치 있는 일에 투자하자!", "내가 좋아하고 행복해하는 일을 하자!" 결단하였다. 그리고 '나를 창조하신 분'이 '나를 위해', '나만'을 위해 만들어 놓으신 길이 있음을 깨달았다.

　저자는 이 책에서 "창조주께서 '나'만을 위해 디자인하신 길이 있다"라고 한다. '경쟁의 길에서 벗어나 안식하고 자유할 수 있는 길!', '삶의 의미와 행복을 무한히 누릴 수 있는 길!'이 있다는 것이다. 그것을 "하나님의 계획"이라는 의미로 '데스티니'라고 말한다. 저자는 우리 인생은 화려한 그림을 그릴 때 행복한 것이 아니라, 나를 향한 창조주의 설계도를 발견하고 이루어갈 때 행복하도록 지음 받은 존재라고 말한다. 그리고 우리가 생각하는 '나의 인생'보다 하나님이 생각하시는 '나의 인생', 데스티니가 훨씬 크고 위대하다고 말한다.

　이 책에서 그는 방황하는 많은 사람들, 인생의 길을 묻는 청년들

에게 그 길을 찾는 길잡이 역할을 해주고 있다. 이 책에는 저자 자신
의 데스티니 여정을 담은 이야기뿐 아니라 그가 제자로 훈련하였던
청년들과 교회 이야기를 통하여 하나님의 데스티니를 찾아가는 놀
랍고도 흥분되는 이야기가 가득 펼쳐져 있다.

유기성 목사 _선한목자교회 담임목사

진정한 삶의 의미가 담긴
정체성을 발견하십시오!!

얼마 전 고성준 목사에게서 곧 출간될 그의 책의 추천사를 써달라는
부탁을 받았다. 오랫동안 그를 알아온 나는 그가 확고한 성경적 세
계관과 세상에 보냄을 받은 자로서 그의 삶의 신념을 고스란히 책에
담았으리라는 것을 짐작할 수 있었기에 쾌히 승낙한 뒤 그가 보내준

DEST✦NY

원고를 단숨에 다 읽었다. 그리고 앞으로 이 책은 누구보다도 우리 사회의 모든 크리스천들, 그중에서도 특히 젊은 세대와 그들의 부모들에게 필독서가 되어야겠다는 절박한 바람을 갖게 되었다.

오늘날 한국이 국가적으로 그리고 사회 전반에 걸쳐서, 더구나 교회에 이르기까지 심각한 위기에 놓여 있다는 소리가 높아지고 있다. 그중에서도 우리 사회의 장래를 짊어질 다음 세대에 대한 공교육과 교회 교육이 당면한 총체적 위기상황이야말로 나라와 교회의 장래를 위해 극복해야 할 가장 시급한 과제가 되고 있다.

이 책은 이렇게 절박한 상황 속에서 고민하지만, 자기 삶의 의미와 목적을 찾지 못한 채 목숨을 건 치열한 씨름을 하고 있는 수많은 다음 세대 한 사람, 한 사람에게, 참으로 놀라운 삶의 꿈과 소망이 있음을 선포하고 이를 찾아 심어주려는 저자의 간절한 마음이 담겨 있다. 물론 저자 역시 바로 그런 고민과 갈등을 몸소 겪은 세대를 대표하여, 마치 야곱처럼 하나님과 씨름하면서 진정한 삶의 의미가 담긴 정체성, 즉 '데스티니'를 마침내 발견하게 된 자신의 체험을 생생하게 증거하고 있다. 동시에 그렇다면 나의 '데스티니'는 과연 어떻게 발견할 수 있으며, 또 오늘날 이토록 각박한 현실 속에서 그 데스티니를 어떻게 실현시켜 나갈 것인지 성경 속 인물들의 실감나는 모델들을 통하여 자세히 제시해주고 있다. 이것은 고민하다 못해 목숨까지 버리고, 찾다 못해 교회를 떠나가는 수많은 청소년들에게 던져주는 놀랍고 반가운 소식이 아닐 수 없다.

아무쪼록 이 책을 정독하는 청소년, 부모님들, 심지어 시니어 세대에 이르기까지 하나님이 각자에게 주신 삶의 '데스티니'에 충실한 가장 행복하고 활기차며 보람된 삶, 목적이 이끄는 삶을 발견하고 개척해 나감으로써 개인과 가정과 나라와 세계 속에서 오직 하나님을 기쁘시게 해드리며 영광 올려드리는 멋진 삶을 사는 모든 독자들이 되길 기원해 마지않는다.

이시영 장로 _전 UN 대사, 현 시니어선교한국 대표

8

DEST♦NY

최고의 가치와 삶이 있는
데스티니로 초대합니다!!

데스티니! 'Destiny'라는 영어 단어는 일반적으로 '운명'이라고 번역
되는데 운명이라는 말은 이 땅에서 사라져야 할 잘못된 단어입니다.
이 미신적 결정론으로 얼마나 많은 사람들이 자포자기하고 소망을
버리고 자학하는 삶을 살았습니까. 사람들은 대부분 태어나면서 자
신의 운명이 정해졌다는 잘못된 생각으로 체념의 깊은 늪에서 자포
자기한 인생을 살고 있습니다. 마치 우리의 손금 안에 변할 수 없는
운명이 그려져 있다고 생각하여 그 운명에 자신을 가두어버린 사람
들처럼….

　그러나 데스티니는 우리가 생각하는 그런 운명이 아닙니다. "거룩
하고 아름다운 축복의 삶으로 인도하시는 하나님의 선한 계획"입니
다. 이 책은 이 아름다운 '데스티니'를 바르게 풀어주고 각 사람에게
주어진 데스티니를 깨닫게 하여 마음과 눈을 밝게 열어주는 책입니다.

9

저는 이 책의 저자인 고성준 목사의 '증인'이기도 합니다. 그는 최고의 가치와 삶이 있는 데스티니를 발견한 사람입니다. 그는 결코 뒤돌아보지 않고 멈출 수 없는 선교적 교회(Missional Church), 선교적 목회자(Missional Pastor)로서 하나님나라의 가장 위대한 비전으로 살고 있습니다. 불변하는 진리에 절대 가치를 두고 날마다 행복한 사역을 하고 있습니다. 그가 하나님이 주신 데스티니를 따라 그간 눈으로 보고 귀로 들은 것, 그리고 경험한 것을 책을 통해 나누게 된 것에 감사드립니다.

우리 모두는 하나님의 사랑스러운 자녀들입니다. 이 책을 읽는 이들은 멋진 하나님의 '데스티니'로 인도받을 것입니다. 절망과 포기 그리고 자살은 하나님의 데스티니를 모르는 사람들의 어리석은 결정입니다. 성경의 위대한 인물들은 모든 극단적이고 부정적인 상황 속에서도 당당하게 하나님의 데스티니를 이루었습니다. 고성준 목사는 미래를 향한 절대적 희망을 가지고 있습니다. 또한 예견적 통찰력을 가지고 있습니다. 과거를 분명하게 알고 미래를 보고 있습니다. 세상을 결코 부정적으로 보지 않습니다. 하나님의 성품을 알기 때문입니다.

　모든 젊은이들에게 이 책의 일독을 강력하게 추천합니다. 뿐만 아니라 세월을 많이 소비한 분들이라 하더라도 '청년의 비전'을 되찾도록 인도할 이 책을 꼭 읽어보시기를 추천합니다.

이재환 선교사 _컴미션 국제대표, 전 감비아 선교사

나의 데스티니를 찾는
여정의 출발!

데스티니(destiny)에 대한 이야기를 나누고 싶다. 영어 단어 'Destiny'는 한국말로 번역하기 참 어려운 단어다. "운명", "소명", "부르심", "목적" 등으로 번역되지만 정확한 번역은 아니다. 불교와 유교 문화 속에서 형성된 우리말에는 데스티니에 해당하는 정확한 단어가 없는 것 같다. 서구 기독교 문화 속에서 'destiny'라는 단어가 획득한 의미는 "하나님의 계획"이라는 뜻이다.

우리 삶에는 데스티니가 있다. 우리 삶에는 하나님이 계획하신 명확한 설계도가 있고 목적이 있다. 우리 삶은 우연의 연속이 아니다. 하나님은 우리를 우연의 산물로 창조하지 않으셨다. 우리 인생을 지배하는 것은 우연이라는 이름의 잔인한 괴물이 아니라 하나님의 사랑 넘치는 계획이다! 그렇다. 그분은 우리를 향한 계획을 가지고 계신다! 우리 인생에는 데스티니가 있다! 그것을 이루어갈 때 행복하고 거기서 멀어져갈 때 인생이 허무해지는 데스티니가 있다. 하나님이 그렇게 창조하셨다.

장미는 힘들다고 땅속으로 들어가 고구마가 되지는 않는다. 장미는 어디에 심어도 장미다. 하나님이 우리 안에 창조해 넣으신 데스티니의 DNA는 환경이 힘들다고 막히거나 변질되지 않는다. 당신을 향한 하나님의 계획에는 막힘이 없다! 하나님이 당신 안에 창조해 넣으신 데스티니의 DNA는 반드시 이루어진다. 당신이 그것을 이해하고 그 길을 선택하기만 한다면 말이다.

나는 모든 사람이 자신의 데스티니를 알고 그 DNA를 꽃피웠으면 좋겠다. 하나님의 계획은 공장에서 찍어내듯이 획일화된 인생이 아니다. 하나님은 한 사람 한 사람을 향한 독특한 계획을 가지고 계신다. 획일화된 규격품 인생이 강요되는 세상 속에서 비규격 인생을 산다는 것이 모험이기는 하지만, 비규격 인생에는 하나님의 창조를 발견해가는 기쁨이 있다.

16년 전 학자로서의 커리어를 접고 목회를 선택했을 때 내 인생은 규격을 벗어나기 시작했다. 세상의 예측에서 벗어난 길이었으니까 말이다. 그러나 지금 나는 그 어느 때보다 행복하다. 돈이 많아서 행복한 것도, 사람들의 인정이나 명예를 얻어서 행복한 것도 아니다. 그런데 행복하다. 도대체 나는 무엇을 선택할 것일까?

16년간 비규격 인생으로 살면서 경험한 하나님과 내 인생의 이야기가 있다. 이 이야기가 당신의 인생도 비규격품으로 만들었으면 좋겠다. 왜냐하면 당신의 인생은 공장에서 만들어진 싸구려 획일품이 아니라, 거장의 손에서 빚어진 세상에 단 하나밖에 없는 명품이기 때문이다. 이 명품이 공장에서 만들어진 싸구려 제품으로 취급되는 것은 비극이다. 명품은 규격의 제한을 받지 않는다.

하나님의 손에 이끌려 길을 떠나보자. 우리의 데스티니 여정을 말이다. 자, 짐을 꾸릴 준비가 되었는가? 조심하라. 어쩌면 이 책은 당신을 돌이킬 수 없는 길로 인도할지 모른다. 홍해가 갈라지고 여리고가 무너지는 스펙터클한 길인 동시에 윽여쌈과 눈물이 기다리는 가시밭길일지도 모른다. 그러나 한 가지 확실한 것은, 이 여정은 당신을 당신이 생각한 것보다 더 높은 곳으로 이끌어가리라는 것이다.

나의 데스티니 여정 가운데 동행해준 감사한 사람들이 있다. 부모님, 사랑하는 가족들, 그리고 말로 다 표현할 수 없이 소중한 하나교회 식구들, 또한 특별히 깊은 언약 관계가 무엇인지 배우고 깨닫게 해준 박주현 목사, 윤성철 목사, 조지훈 목사 그리고 김무열 선교사에게 많은 사랑의 빚을 졌다. 아비처럼 오랜 세월 지켜봐주시고 삶의 모델이 되어주신 이재환 선교사님, 이시영 장로님을 비롯한 많은 어른들께 진심으로 감사드린다. 이분들이 아니었다면 지금의 내 인생은 전혀 다른 모습이었을 것이다. 이 책은 이 소중한 사람들과의 관계 속에서 깨닫고 발견한 진리들을 모은 것이다. 사랑하고 존경한다. 나의 데스티니 여정에 이런 언약 동반자들이 있다는 것이 얼마나 큰 축복인지 모른다.

미안! 서론이 길어졌다. 자, 이제 이야기를 시작해보자. 세상에서 가장 중요하고 신나는 여행, 데스티니를 찾는 여정의 이야기를 말이다. 안전벨트를 단단히 매기 바란다. 1부에서는 데스티니의 특징들을, 2부에서는 어떻게 데스티니를 이루어 갈 수 있는지를, 그리고 3부에서는 성경의 인물들을 통해 데스티니에 대한 더 깊은 내용들을 나누고자 한다.

고성준

DESTINY

:

GOD'S PLAN

Contents

3 》 데스티니 모델링

1 데스티니란
DESTINY
무엇인가?

FAMILY ROOM

FLOOR ELEVATION
FLUSH EXIST

EXIST BRICK WALL
TO BE DEMOLISHED

EXIST 8" BRICK
WALL ABOVE

BM 4

C.I.B.

7'-0"

EXIST JOIST

LONG
EXIST

7'½"

BM 2

3'-5"

C1

KNEE WALL
FTG EXIST
TO BE SUPPORT

EXIST JOIST

EXIST JOIST

3'-4" MIN.

8" DOOR

4"

EQ.

EQ.

EXIST JOIST

EXIST 8" MASONRY
WALL

W6

EXIST JOISTS

1 인생에 정답이 있을까?

삶의 변곡점

"목사님은 왜 목사가 되셨어요?"

사람들로부터 가장 많이 듣는 질문 중 하나다. 심지어 어떤 분은 "목사님은 어쩌다가(?) 목사가 되셨어요?"라고 묻기도 한다. 목사가 된다고 하는 것이 특별한 일은 아니겠지만, 버클리 출신의 수학박사가 오랫동안 몸담았던 익숙한 분야를 떠나 목사가 되었다는 것이 궁금하기도 하고 신기하기도 한가 보다. 이 질문과 궁금함의 기저에 아마 진짜 궁금해하는 또 다른 질문이 있을 텐데, 그것은 "어떻게 그 길이 목사님이 가야 할 길이라는 것을 확신할 수 있었나요?"라는 질문일 것이다.

선택에는 항상 두려움이 있다. 중요한 결정일수록 그 두려움은 비례해서 커진다. 그것이 무를 수 없는 결정이라면 더욱 그렇다. 그런 의미에서 내게 "어떻게 목사가 되었느냐?"고 물었던 사람들의 진짜 궁금함은 아마 '어떻게 이 두려움을 넘어서 무언가를 선택할 수 있는 가?'에 대한 궁금함일 것이다. "당신은 당신의 선택을 어떻게 확신할 수 있나요? 당신의 선택에 후회가 없을 것이란 사실을 어떻게 확신합니까?" 이것이 아마 내게 던져졌던 질문들의 진짜 의미일 테고, 그래서 오늘 내가 이 책에서 답해야 할 진짜 질문이 아닐까 싶다.

맞다. 16년 전 이 선택을 앞두고 지독하게 두려웠다. 가장 큰 두려움은 이 선택을 했다가 나중에 나이가 오십쯤 되어서 "어? 이 길이 아니었네…" 이렇게 후회하면 어떻게 하나 하는 것이었다. 지나간 세월을 돌이킬 수도 없고…. 선택을 앞두고 며칠을 두려워 떨었다. 감사한 것은 작년에 드디어 내 나이가 오십을 넘었다! 그리고 둘러보니 나는 후회하고 있지 않다! 후회는커녕 오히려 행복하고 감사하다.

돈을 많이 벌어서 행복한 것은 물론 아니다. 대부분의 목사들이 그렇듯, 나도 교수로 살았다면 받았을 월급의 절반 정도 수준으로 산다. 그런데 행복하다. 목사가 우리 사회에서 그리 존경받는 것도 아니다. 목사들의 성 추문이나 재정 비리가 보도될 때면 쥐구멍이라도 찾고 싶다. 그런데 이상한 것은 그래도 행복하다. 도대체 나는 무엇을 선택한 것일까? 왜 돈을 덜 벌어도 행복하고 명예나 사회적 존경을 받지 못해도 행복한 것일까? 이 이야기를 나누려고 한다. 내 인생을 계획하신 하나님의 '인생 설계도'에 대한 이야기를….

비규격 인생

2000년 가을 미국에서 박사 학위를 마치고 한국으로 귀국했다. 어느 대학으로 가느냐는 사람들의 질문에 목회를 시작했다고 대답했다. 주변 사람들의 반응은 놀람 반 걱정 반이었다.

"꼭 목사가 되어야만 믿음이 있는 건 아니잖니?"

"목사 말고도 할 수 있는 일들이 많잖아!"

"15년이나 공부했는데 그것을 잘 사용하는 것도 하나님이 기뻐하시는 일 아닐까?"

"좋은 기독교 교수가 되는 것도 의미 있는 일이야. 생각해봐. 목사는 너 말고도 할 사람이 많아."

사실 돌아보면 그리 틀린 이야기가 아니었는지 모른다. 그러나 한 주 내내 이런 이야기들을 수십 번도 넘게 듣다보니 슬그머니 화가 나기 시작했다.

'나를 아무 생각도 없는 사람으로 보는 건가? 나도 생각이 있는데…. 나름대로 따져보고, 고민하고, 계산하고 결정한 선택인데.'

내 선택의 기준은 명확했다. 그것은 첫째 단 한 번뿐인 소중한 나의 인생을 가장 가치 있는 일에 투자하자는 것이었다. 인생을 두 번

살 수 있다면 이야기는 달랐을 것이다. 한 번은 연습 삼아 살아보고, 두 번째 인생에서 최선의 것을 선택하면 되니까 말이다. 그러나 불행하게도 인생에는 연습 게임이 허락되지 않는다. 기회는 단 한 번밖에 주어지지 않으며 그 기회를 놓치면 시간은 다시 돌이킬 수 없다. 내 선택의 첫 번째 기준은 "가장 가치 있는 일에 인생을 투자하자"는 것이었다. 그리고 두 번째 기준은 내가 좋아하고 행복해하는 일을 하자는 것이었다.

이렇게 많은 생각과 고민 끝에 내린 결정이었지만 주위 사람들을 이해시키는 것은 쉽지 않았다. 돌아오는 대답은 "남들은 아무도 너처럼 살지 않아"라는 것이었으니까. 글쎄, '아무도'인지는 모르겠지만 대부분의 사람들이 가는 길과 다른 인생을 선택하려는 것은 분명해 보였다.

그때까지 나는 명문대, 해외 유학, 박사 학위 그리고 대학교수 이외에 내 인생에 다른 선택이 있으리라고는 생각해본 적도 없었다. 내 주위 사람들의 생각도 비슷했다. "명문대, 대기업 취업, 안정된 직장" 또는 "명문대, 각종 국가고시 합격, 안정된 직업" 이것이 인생의 진리이고 정답이라고 이야기했고 그렇게 믿었다. 획일적인 성공관을 들여다보고 있자면 인생이 마치 공장에서 찍어내는 '규격품'같이 느껴진다. 이 규격에 의하면 '목회'라는 새로운 선택은 분명 불안한 길이자 도전이었다.

문득 이런 생각이 들었다.

'나는 왜 비규격 인생을 살려고 할까? 인생에 정답이라는 것이 있을까?'

세상 규격에 의하면…

목사가 되기 전까지 35년 동안 내 인생은 세상 규격에 의하면 꽤 성공적이었다. 나는 1966년 서울대 수학과 교수이셨던 아버지와 약사이셨던 어머니 사이에서 태어났다. 일찍부터 예수를 믿으셨던 할머니의 영향으로 집에서는 늘 기도하는 소리가 있었다. 아버지의 영향이었을까. 고등학교를 졸업하고 서울대 수학과에 진학했다. 중고등학교 때까지 나의 삶은 단순했다.

사람들이 말하기를 "서울대에 들어가면 세상의 모든 성공과 행복을 얻을 수 있다"고 했다. 어디서부터 시작되었는지 모르는 이 근거 없는 '신화'를 나도 철석같이 믿었다. 내 주위에서는 이 '진리'에 반론을 제기하는 사람이 없었다. "인생의 행복과 성공은 대학 진학에 달려 있다"는 이 신화를 거의 대부분의 사람들이 의심 없이 믿었고 나도 그것을 믿었다. 아주 철석같이 말이다.

중고등학교 시절 이 '신화'는 오늘 내가 무엇을 해야 할지, 그리고 앞으로 어떤 인생을 살아야 할지 거의 대부분 결정해주었다. 내가 스스로 선택할 수 있는 여지는 거의 없었다. 아니, 그것을 생각할 여

유조차 없었다. 나는 좋은 대학에 들어가야만 하니까…. 첫 단추는 제대로 끼워졌다. 1985년 나는 바라던 서울대학교에 입학했다.

그런데 대학에서의 생활은 생각과 달랐다. 민주화 운동이 한창이었던 1980년대 대학은 일 년 내내 학교에서 최루탄 냄새가 진동했고, 민주화를 열망하던 학우들이 주위에서 죽어갔다. 대학에서 접하게 된 세상은 내가 생각하던 곳과 달랐다. 내가 생각했던 장밋빛 행복은 어디에도 없어 보였다. 극도의 허무가 몰려왔다. 학생 운동에 본격적으로 뛰어들 용기도, 세상을 바꿀 신념도 없었던 나는, 내 안에서 커져가는 허무를 감당할 방법이 없었다.

"에이 모르겠다. 실컷 놀아나 보자."

그렇게 일 년을 정신없이 놀면서 보냈다. 놀다가 고통스러우면 술로 생각을 잊고 아침에 깨어나면 또 놀고…. 그런데 더 고통스러웠던 것은 노는 것에도 '한계효용체감의 법칙'이 적용되더라는 것이다. 처음에는 작은 '놀이'에도 만족하던 것이 점점 큰 자극을 원하게 되었다. 더 많은 술, 더 자극적인 놀이…. 장밋빛일 거라 기대했던 대학 초년이 이상하게 지나가고 있었다.

"이상하다. 분명히 나는 이것만 이루어지면 행복할 것이라 기대했던 그 자리에 지금 서 있는데, 그 약발이 고작 몇 개월이라면 앞으로 나는 뭘 하면서 살아야 하지?"

고통스러운 질문들이 이어졌다.

"가장 행복할 것이라 기대했던 그 행복이 고작 6개월짜리라면 앞으로 또 원하는 것들을 성취한다 한들 그 행복이 과연 얼마나 지속될까?"

허무했다. 마치 전도서의 고백을 보는 듯했다.

전 1:2 전도자가 이르되 헛되고 헛되며 헛되고 헛되니 모든 것이 헛되도다

소망의 빛

'밥 몇 공기 더 먹고 죽나 지금 죽나 무슨 차이가 있을까?'

심각한 허무 속에 허덕일 때 예수를 믿게 되었다. 감사한 것은 모태 신앙인 덕택에 그나마 교회에 출석하고 있었다는 것이다. 어느 주일, "하나님은 살아 계시고, 살아 계신 하나님을 만날 수 있다"는 설교 말씀이 마음에 남았다. 저녁에 자려고 누웠는데 잠을 이룰 수가 없었다.

"정말 하나님이 살아 계신 걸까?"

다시 일어나 앉아 무릎을 꿇었다.

"하나님, 정말 계십니까? 정말 살아 계신다면 오늘 저를 찾아와주십시오. 저는 제 안에 있는 어둠과 허무를 감당할 수 없습니다. 당신의 도움이 필요합니다!"

뜬금없이 눈물이 나기 시작했다. 왜 눈물이 흐르는지, 무엇 때문

에 우는지 이해할 수 없는 눈물이었다. 눈물이 터지자 주체할 수 없는 통곡이 되어 꺼이꺼이 울기 시작했다. 한참을 울고 있는데 내 안에 묘한 변화가 감지되었다. 끝없는 허무의 심연 속에 뭔가 작지만 밝은 빛이 비추는 느낌이랄까? 그것은 소망! 그렇다. 소망이 느껴지기 시작했다. 설명할 수는 없지만 그것은 분명히 '소망'이라는 이름의 빛이었다. 이 소망의 빛 속에서, 누군가 나와 함께한다는 따뜻함이 나를 위로하고 있었다.

날이 밝았다. 이 신비한 경험은 내 속에 중요한 변화를 일으켰다. 그것은 더 이상 경쟁하지 않아도 된다는 자유함이 생긴 것이다. 나에게 '경쟁'이란 애증이 섞인 단어였다. 경쟁을 통해 내가 원하는 행복과 성공을 하나씩 성취해가지만 동시에 경쟁은 나를 피 말리게 한다. 경쟁은 한순간도 마음 놓고 쉴 수 없는 쉼 없는 삶으로 나를 몰아간다. '쉼 없는 삶'의 피곤함을 알지만 경쟁 외에 다른 길이 있나?

하나님을 알기 전까지 나는 경쟁 외에 내 인생에 행복과 성공을 가져다주는 다른 길을 알지 못했다. 더 암울한 것은 대학에 들어오면서, 이 유일해 보였던 경쟁과 성취의 길마저 사실은 신기루라는 사실을 깨달은 것이었다. 그것이 내가 대학 1년을 깊은 허무의 바다에서 보낼 수밖에 없었던 이유였다.

그런데 내 안에 '소망의 빛'이 들어오면서 '다른 길'이 보이기 시작했다. 이 길은 경쟁을 통해서 다른 사람을 밟고 올라서야만 갈 수 있는 길이 아니었다. 이 길은 '나를 창조하신 분'께서 '나만을' 위해 만들어놓으신 길이었다. 이 소망의 길에 들어설 때 쉼과 자유가 임했다. 그것은 다른 사람들보다 뒤질 것을 염려하지 않아도 되기 때문에 임하는 쉼과 자유였다.

창조주께서 '나'만을 위해 디자인하신 길이 있다! 경쟁의 길에서 벗어나 안식하고 자유할 수 있는 길! 삶의 의미와 행복을 무한히 누릴 수 있는 길! 내 안에 임한 소망의 빛은 내가 이 길에 들어섰다는 것을 알려주는 빛이었다.

소망의 빛이 내게 속삭였다.

"괜찮아! 네가 진짜로 좋아하는 것을 해! 규격에서 벗어나도 상관없어. 그건 어차피 사람이 정한 규격이야. 비규격 인생이 될 거라고? 어차피 하나님은 한 사람 한 사람을 핸드메이드(handmade)로 만드셨어. 인생에 규격품이란 애초에 없는 거야. 하나님이 기획하신 너의 인생을 살아!"

나는 우리 부모님께 감사한다. 부모님은 내가 어려서부터 항상 "너는 네가 좋아하는 것을 하면서 살라"고 말씀해주셨다. 복음 안에 들어서면서 이 말의 진짜 의미가 무엇인지 깨닫게 되었지만 말이다. "경쟁에서 이기지 않아도 괜찮은 나만을 위한 길, 다른 사람은 들어올 수 없는 나만을 위한 길이 있다"는 복음과 함께 비규격 인생이 시작되었다. 그리고 나이 오십을 넘어 돌아보니 이것은 정말 놀라운 축복이었다.

이 책을 통해 내가 경험한 이 비규격 인생의 축복에 대해 나누고 싶다. 모든 사람에게 목사가 되라는 이야기가 아니다. 전혀 아니다. 내가 나누고 싶은 것은 꼭 세상이 정해놓은 규격품만이 인생의 해답은 아니라는 것이다. 오히려 하나님이 창조하신 다양하고 흥미진진한 인생의 길들이 규격화된 인생 속에 묻혀버리는 것은 아닌지 한 번쯤 생각해봤으면 좋겠다. 사람은 누구나 그 사람만을 위해 예비된 길이 있다는 사실을 당신도 알았으면 좋겠다.

2 데스티니, 인생의 설계도

창조주가 계신 인생

> 엡 1:11,12 모든 일을 그의 뜻의 결정대로 일하시는 이의 계획을 따라
> 우리가 예정을 입어 그 안에서 기업이 되었으니 이는 우리가 그리스도
> 안에서 전부터 바라던 그의 영광의 찬송이 되게 하려 하심이라

영어 단어 'destiny'(데스티니)는 한국말로 번역하기 참 어려운 단어다. "운명", "소명", "부르심", "목적" 등으로 번역되지만 모두 정확한 번역은 아니다. 불교와 유교 문화 속에서 형성된 우리말에는 데스티니에 해당하는 정확한 단어가 없는 것 같다. 서구 기독교 문화 속에서 'destiny'라는 단어가 획득한 의미는 "하나님의 계획"이라는 뜻이다.

우리 삶에는 데스티니가 있다. 에베소서 1장 11절은 하나님께서 우리 인생을 향해 "그의 뜻의 결정대로 일하시는 이의 계획"이 있다고 이야기한다. 하나님께서는 태초부터 한 사람 한 사람을 향한 특별한, 아주 특별한 계획을 가지고 계셨다. 우리 삶에는 하나님이 계획하신 명확한 설계도가 있고 목적이 있다. 우리 삶은 우연의 연속이 아니다. 하나님은 우리를 우연의 산물로 창조하지 않으셨다. 우리 인생을 지배하는 것은 우연이라는 이름의 잔인한 괴물이 아니라, 하나님의 사랑 넘치는 계획이다.

그렇다. 그분은 우리를 향한 계획을 가지고 계신다. 이 계획은 사랑하는 자녀들을 향한 아버지의 기대이며 사랑이다. 기억하라. 우리 인생에는 데스티니가 있다. 그리고 이 데스티니를 발견하고 이루어 가는 것이 이 땅을 살아가는 우리 인생의 목적이다. 왜냐하면 그분은 무한한 지혜와 넘치는 사랑을 가지고 우리 인생을 디자인하신 창조자이기 때문이다.

사람들은 인생을 마치 하얀 캔버스 위에 화려한 그림을 그리는 것처럼 생각한다. 주목받고 환호를 받을 만한 화려한 그림을 그린 인생은 성공한 인생이라 생각하고, 그렇지 못한 평범한 그림은 실패한 인생이라 생각한다. 그러나 이 성공과 실패에 대한 정의는 한 가지 중요한 사실을 간과하고 있다. 그것은 우리 인생에 창조주가 계신다는 사실이다.

우리 인생에는 인생을 디자인하신 분이 계신다. 그렇기 때문에 우리 인생의 성공은 사람들이 환호할 만한 화려한 그림을 그렸다는 것으로 정의될 수 없다. 창조주가 계시면 인생의 성공은 창조주가 계획한 대로 산 것으로 정의되어야 마땅하지 않은가?

인생에는 설계도가 있다. 창조주가 디자인하신 설계도가 있다. 인생의 성공과 실패는 누가 이 설계도에 더 가까운 인생을 살았느냐에 따라 결정되어진다. 인생은 그림의 화려함으로 평가되는 것이 아니라 설계도에 얼마나 충실했는가로 평가되어진다.

행복과 허무를 결정짓는 DNA

데스티니에는 중요한 속성이 있는데, 그것은 데스티니를 이루어갈 때 우리의 삶이 행복하며 반대로 거기서 멀어질 때 허무해진다는 것이다. 하나님이 그렇게 창조하셨다. 우리를 창조하신 하나님은 데스티니 속에 행복과 허무를 결정짓는 DNA를 넣어 놓으셨다.

내가 아는 분 중에 음악을 정말로 좋아하는 분이 있다. 음악이 좋아서 음대를 졸업했지만 음악으로 성공하지는 못했다. 나이가 들어 이민을 갔고 그곳에서 다른 일을 하며 힘겹게 산다. 그런데 이분이 얼마 전 교회에서 특송을 했다. 그 행복해하는 모습이란! 음악을 얼마나 사랑하는지 돈을 잘 못 벌어도 음악만 하고 있으면 행복하고, 사람들이 인정해주지 않아도 음악만 하고 있으면 행복하단다. 왜 그럴까? 하나님이 그렇게 만드셨기 때문이다.

데스티니가 음악인 사람은 음악을 하고 있으면 행복하고, 데스티니가 미술인 사람은 그림을 그리고 있으면 행복하고, 나처럼 데스티니가 수학인 사람(?)은 수학 문제를 들여다보고 있으면 행복하다! 돈을 못 벌어도 행복하고 사람들이 인정해주지 않아도 행복하다. 데스티니의 속성이다. 진짜 데스티니는 창조주이신 하나님을 만나면서 시작된다. 하지만 창조주를 알지 못하는 사람에게조차 데스티니는 그 인생의 행복과 허무에 관여한다.

반대로 데스티니를 알지 못하는 사람은 공허하다. 무엇을 해도 허전하고, 무엇을 성취해도 2퍼센트 부족함을 느낀다. 돈을 많이 벌어도 "이게 다가 아닌데…" 싶고, 큰 성공을 거두어도 "이게 다 무슨 소용이지?" 하는 마음이 든다.

내가 그랬다. 대학을 졸업하면서 영적인 침체가 찾아왔다. 뜨겁게 예수를 만났던 처음의 열정은 식어졌고, 그러다가 어려서부터 꿈꿔왔던 미국 유학길에 올랐다. 모든 것이 순조로웠고 성공적이었다. 사귀던 지금의 아내와 결혼했고, 소망하던 버클리에서 박사 과정 입학 허가를 받았다. 국비유학생에 선발되어 유학생활 중 감당해야 할 재정적 부담도 덜었고, 군대 문제도 석사 장교 6개월 복무로 해결되었다. 고등학교 때 꿈꾸던 계획들이 일말의 착오도 없이 진행되고 있었다.

이보다 완벽할 수 없어 보였다. 하나님에 대한 감각이 사라졌다는 한 가지만 제외하면 말이다. 이렇게 미국에서의 유학생활이 시작되었다. 참 이상했던 것은 이 완벽해 보이는 상황 속에서도 내 안에 마르지 않는 목마름이 있었다는 것이다.

'이게 다가 아닌데… 뭔가가 내 인생에 빠져 있는데….'

이렇게 내 인생이 뭔가 부족한 것 같은 느낌이 떠나지 않았다. 그것은 대학 입학 후 찾아왔던 깊은 허무, 그것과 같은 종류의 목마름이었다.

다시 데스티니의 길로

하나님은 미국에서 좋은 교회를 만나게 하심으로 새로운 회복을 준비하고 계셨다. 은혜로운 주일을 보낸 어느 월요일 아침, 책상에 놓인 성경이 눈에 들어왔다. 참으로 오랫동안 그저 부적처럼 가지고만 다니다가 어느 순간 책상 위 장식품이 되어버린 성경이었다.

'옛날에는 정말 많이 읽었는데….'

성경을 다시 읽어야겠다는 마음이 들었다. 손 가는 대로 성경을 펼쳤다. 펼쳐진 곳은 이사야서 55장이었다.

사 55:1,2 오호라 너희 모든 목마른 자들아 물로 나아오라 돈 없는 자도 오라 너희는 와서 사 먹되 돈 없이, 값없이 와서 포도주와 젖을 사라

너희가 어찌하여 양식이 아닌 것을 위하여 은을 달아주며 배부르게 하
지 못할 것을 위하여 수고하느냐 내게 듣고 들을지어다 그리하면 너희
가 좋은 것을 먹을 것이며 너희 자신들이 기름진 것으로 즐거움을 얻
으리라

그날 성경의 이 부분이 펼쳐진 것이 과연 우연일까? 모르겠다. 그
러나 한 가지는 분명하다. 성경이 그날 내게 이야기하고 있었다. 하
나님을 떠난 인생, 하나님이 주신 데스티니에서 멀어진 인생은 무엇
을 해도 목마르다고 말이다.

"너는 왜 양식이 아닌 것을 위하여 은을 달아주고, 배부르게 하지
못할 것을 위해 수고하느냐?"

성경이 이야기하고 있었다. 그렇다. 데스티니에서 벗어날 때 우리
는 무엇을 해도 2프로 부족함을 느낀다. 무엇을 성취해도 목마르
다. 심지어 가장 완벽해 보이는 세상의 성공 속에서조차 말이다. 왜
냐하면 우리 인생은 화려한 그림을 그릴 때 행복한 것이 아니라, 나
를 향한 창조주의 설계도를 발견하고 이루어갈 때 행복하도록 지음
받았기 때문이다. 우리에게는 창조주가 계신다. 그분은 우리의 행복
과 허무를 결정하는 DNA를 데스티니 속에 넣어두셨다.

그날 성경은 분명히 나에게 이야기하고 있었다. 그리고 이 말씀을
통해 나는 다시 데스티니의 길로 돌아오게 되었다. 깊은 회개의 눈
물과 함께.

3 데스티니는 생각보다 크다

데스티니의 크기

데스티니의 두 번째 특징이 있다. 성경 인물들을 관찰해보면 데스티니에 대한 흥미로운 사실 하나를 발견할 수 있다. 그것은 성경 인물들이 자신의 데스티니를 발견하는 순간 황당해했다는 것이다. 왜냐하면 내가 생각하는 나의 인생보다 하나님이 생각하시는 나의 인생, 데스티니가 훨씬 크고 위대하기 때문이다.

모세는 나이 팔십이 되었을 때 떨기나무 사이에서 창조주를 만난다. 그리고 그분으로부터 자신의 인생에 대한 창조주의 계획을 듣는다. 그것은 오랜 이집트의 노예생활로부터 이스라엘 백성을 자유케하는 것이었다.

출 3:9,10 이제 가라 이스라엘 자손의 부르짖음이 내게 달하고 애굽 사
람이 그들을 괴롭히는 학대도 내가 보았으니 이제 내가 너를 바로에게
보내어 너에게 내 백성 이스라엘 자손을 애굽에서 인도하여 내게 하리라

모세의 데스티니가 처음으로 드러나고 선포되는 놀라운 순간이
다. 그런데 인생의 데스티니를 드러내시는 하나님과의 역사적인 조
우의 현장에서 모세의 반응이 흥미롭다. 아마 "아! 나의 데스티니가
바로 이것이었구나! 이 일을 하게 하시려고 나를 이 땅에 창조하셨
구나! 할렐루야!" 이럴 것이라고 생각했다면 틀렸다.

모세의 반응을 보자.

출 3:11 모세가 하나님께 아뢰되 내가 누구이기에 바로에게 가며 이스
라엘 자손을 애굽에서 인도하여 내리이까

모세의 반응은 '내가 누구이기에'였다.

"내가 누구이기에 바로에게 가며, 내가 누구이기에 수백만 명이나
되는 이스라엘 자손을 인도한다는 것입니까?"

이것이 모세의 반응이었다. 그도 그럴 것이 모세가 누구고 바로가
누군가? 모세는 광야에서 양을 치는, 그것도 자기 양이 아니라 장인
의 양을 치는 이름 없는 목동이었고, 바로는 기세등등한 이집트의 최
고 권력자였다. 오늘날로 이야기하면 처가에 얹혀살며 장인의 회사

에서 일하는 사람에게 "너는 시진핑에게 가서 조선족들을 전부 이끌고 한국으로 귀순하겠다고 해라" 뭐 이런 말이다.

당신이라면 "할렐루야!" 했겠는가? 나는 40년 동안이나 장인의 양을 치고 있는 광야의 이름 없는 목동, 바로는 당대 최고 힘과 권력을 가진 이집트의 왕, 갭(gap)이 커도 너무 크다. 그런데 이것이 나의 데스티니라고? 당황스럽고 황당한 이야기다.

하나님이 보시는 나

모세만 그랬던 것이 아니다. 기드온도 마찬가지였다.

> 삿 6:11,12 여호와의 사자가 아비에셀 사람 요아스에게 속한 오브라에 이르러 상수리나무 아래에 앉으니라 마침 요아스의 아들 기드온이 미디안 사람에게 알리지 아니하려 하여 밀을 포도주 틀에서 타작하더니 여호와의 사자가 기드온에게 나타나 이르되 큰 용사여 여호와께서 너와 함께 계시도다 하매

기드온이 살던 때 이스라엘은 미디안의 압제 아래 있었다. 어느 날 기드온이 포도주 틀에서 밀을 타작하고 있었다. 원래 밀 타작은 넓은 타작마당이나 들판에서 소를 이용하는 것이 일반적이었다. 그

런데 왜 기드온은 좁디좁은 포도주 틀에서 밀 타작을 하고 있었을까? 그것은 미디안의 눈을 피하기 위해서였다. 미디안 사람들이 두려워서 그들 몰래 좁은 포도주 틀에서 밀을 타작하고 있는 것이다.

이 소심한 기드온과 우리가 알고 있는 '큰 용사' 기드온이 같은 사람이라고 믿어지는가? 하나님이 소심한 기드온에게 나타나셔서 말씀하신다.

"큰 용사여!"

기드온이 이 소리를 들을 때 당황스럽지 않았을까? 하필 이때, 적군이 무서워 좁은 포도주 틀에 숨어 밀을 까먹고 있는 수치스러운 이때 나타나셔서 '큰 용사'라고 부르시다니. 이 당황스러운(?) 자리에서 기드온의 놀라운 데스티니가 선포된다.

> 삿 6:14 여호와께서 그를 향하여 이르시되 너는 가서 이 너의 힘으로 이스라엘을 미디안의 손에서 구원하라 내가 너를 보낸 것이 아니냐 하시니라

그런데 기드온의 반응도 모세와 다르지 않다.

> 삿 6:15 그러나 기드온이 그에게 대답하되 오 주여 내가 무엇으로 이스라엘을 구원하리이까 보소서 나의 집은 므낫세 중에 극히 약하고 나는 내 아버지 집에서 가장 작은 자니이다 하니

데스티니를 말씀하시는 하나님 앞에서 기드온이 본 것은 내가 생각하는 '나'의 모습과 하나님께서 말씀하시는 '나'의 모습 사이의 갭이었다. 큰 갭이었다. 이것이 기드온을 당황스럽게 했다.

"내가 그걸 한다고? 오 마이 갓!"

사랑이 크면 기대도 크다

모세와 기드온뿐 아니라 아브라함도, 다윗도, 예레미야도, 이사야도 모두 마찬가지였다. 자신의 데스티니를 깨닫고 나서 처음 보인 반응은 당황스러움과 황당함이었다. 하나님이 말씀하시는 나의 데스티니가 내 생각보다 너무 크고 위대하기 때문이다. 나는 오늘 당신에 대해서도 자신 있게 예언할 수 있다. 당신도 당신의 데스티니를 처음으로 대면하게 되면 모세와 기드온처럼 당황하고 황당해할 것이다. 왜냐하면 당신을 향한 하나님의 계획이 당신의 생각보다 크기 때문이다. 커도 너무 크기 때문이다.

그렇다. 데스티니의 특징은 "나를 향한 하나님의 계획, 즉 데스티니는 항상 내가 생각하는 것보다 훨씬 크다"는 것이다. 왜냐하면 하나님은 우리 아버지이시기 때문이다. 하나님은 우리를 사랑하고 또 사랑하시는 아버지이시다. 자녀를 향한 부모의 기대는 항상 비현실적(?)으로 크다. 내 아이는 뭔가 특별한 것 같고, 내 아이는 정말 특별한 인생을 살았으면 좋겠다는 것이 부모의 기대다.

나는 태어날 때부터 머리가 아주 컸다. 기형적일 만큼 컸다. 하루는 아들이 태어났다는 소식에 아버지 친구 분들이 집을 방문하셨다가 나의 큰 머리에 충격을 받으셨다. 그중에 한 분이 조심스럽게 아버지께 말씀하셨다.

"이 아이, 병원에 데려가봐야 하지 않을까?"

이 말에 아버지는 버럭 화를 내셨다.

"병원은 무슨 병원. 이렇게 잘생기고 완벽한 아이를 보고. 다들 눈에 뭐가 씌었나?"

이것이 부모의 마음이다. 사랑은 모든 것을 달리 보이게 한다. 세월이 흐른 어느 날 아버지께서 옛 사진을 보시면서 "네가 어렸을 때 머리가 정말 크기는 컸구나"라고 인정하셨지만 말이다.

자녀를 향한 부모의 기대는 항상 비현실적이다. 이것이 때로는 훗날 내적 치유의 주제가 되기도 하지만, 또한 이것은 자녀를 향한 부모의 사랑이기도 하다. "너에 대한 기대? 전혀 없다. 그냥 아무렇게나 살아라" 이런 부모가 있다면 정상적인 부모는 아닐 것이다. 기대는 사랑에 비례한다. 사랑이 클수록 기대도 크다. 물론 인간 부모는 타락한 인간이기에 그 기대가 비현실적일 수 있고, 비현실적인 기대로 오히려 자녀에게 상처를 줄 수도 있다.

그러나 하나님은 다르다. 하나님의 기대는 비현실적이지도 않고 상처를 주지도 않는다. 하나님의 기대는 이루어질 수 있는 기대이다. 하나님의 기대는 하나님께서 그것을 반드시 이루시겠다는 하나님의 의지가 담긴 기대이기 때문이다.

반드시 이루신다!

> 출 3:12 하나님이 이르시되 '내가 반드시' 너(모세)와 함께 있으리라 네가 그 백성을 애굽에서 인도하여 낸 후에 너희가 이 산에서 하나님을 섬기리니 이것이 내가 너를 보낸 증거니라

> 삿 6:16 여호와께서 그(기드온)에게 이르시되 '내가 반드시' 너와 함께하리니 네가 미디안 사람 치기를 한 사람을 치듯 하리라 하시니라

당황해하는 모세와 기드온에게 주신 말씀이다. 그렇다. 반드시 이루신다! 하나님은 당신의 의지로 우리의 데스티니를 반드시 이루신다. 당신의 데스티니가 너무 크다고 당황하지 말라. 당신의 데스티니는 이루어질 수 있다. 당신의 능력 때문에? 아니. 하나님의 의지 때문에! 반드시 이루실 것이다.

불행한 것은 이 데스티니를 충만하게 살아간 사람이 생각보다 소수라는 것이다. 대부분의 사람들은 자신의 데스티니를 보지 못하고 깨닫지도 못하고 인생을 다른 곳에서 낭비하며 산다. 사회가 정해

놓은 규격을 따라 '규격품 인생'이 되려고 애쓰는 사이에 데스티니는 지나가버린다. 사실은 이것이 우리 인생이 불행한 진짜 이유다.

만약 누구라도 하나님이 그 사람을 향해 가지고 계신 데스티니를 깨닫고 그것을 취하며 산다면, 그 인생은 놀라운 삶이 될 것이다. 하나님을 의지하여 규격을 벗어나보고 싶지 않은가? 하나님이 계획하신 비규격 인생, 거기에 놀라운 인생의 비밀이 있다.

4 데스티니에는 돌파의 능력이 있다

말더듬이 장애

데스티니의 세 번째 특징이 있는데, 나는 개인적으로 이것을 가장 좋아한다. 데스티니에는 장벽을 돌파하는 능력이 있다는 것이다. 인생을 살다보면 장벽을 만나게 된다. 장애를 가지고 태어나기도 하고 경제적 어려움이 발목을 잡기도 한다. 데스티니에는 이런 인생의 장벽들을 돌파하는 능력이 있다. 왜냐하면 데스티니는 '나의 비전'이 아니라, 나를 향한 '하나님의 비전'이기 때문이다. 생각해보라. 하나님이 하시겠다는 일을 누가 막겠는가! 인생의 어떤 장벽도 하나님 앞에서 장벽일 수 없다. 누구든지 데스티니의 길에 들어서면 장벽은 무너진다.

나는 목사가 될 것이라고는 한 번도 생각해본 적이 없었다. 왜냐하면 어려서부터 말을 심하게 더듬었기 때문이다. 어른들은 내게 나이가 들면 나아질 거라고 하셨지만 나이가 들어도 말더듬는 장애는 나아지지 않았다. 학창 시절부터 남들 앞에 나가 무언가 한다는 것이 내게는 공포였다. 발표를 해야 하는 전날에는 긴장과 불안에 잠을 설치곤 했다. 말더듬이라는 장벽은 내 인생의 현재뿐 아니라 미래까지 모든 것을 고통으로 바꾸었다.

어려서부터 나는 교수가 되고 싶었다. 그런데 이 소원이 이루어질 것을 생각하면 행복한 것이 아니라 고통스럽고 불안했다. 교수가 되면 매일 강단에 서서 무언가를 이야기해야 하지 않는가. 생각만 해도 끔찍했다. 그렇기에 교수가 되고 싶다는 소원과 교수가 되는 것에 대한 두려움이라는 모순된 두 감정이 내 속에 기괴하게 공존하고 있었다. 그래서 수학을 전공으로 택했는지도 모르겠다. 최대한 말을 안 하고 살 수 있는 직업이 수학자가 아닌가!

예수님을 만나고 나서 목사가 되어야 하지 않을까 생각했지만 나는 하루 만에 마음을 접었다.

'말더듬이가 목사는 무슨 목사. 이놈의 말… 나도 속 시원하게 하고 싶은 말 좀 다 할 수 있으면 얼마나 좋을까?'

아주 어려서부터 나의 가장 큰 기도 제목이었다. 내 미래의 모든 소망들을 말더듬이라는 장애가 다 막고 있는 것처럼 보였다. 장벽이었다. 어머니께서는 기도하면 하나님께서 고쳐주실 것이라고 했지만 이상하게 아무리 기도해도 이 기도는 응답되지 않았다. 35세 때

목회를 시작하기 전까지는 말이다.

도하

미국에서 박사 학위를 마친 우리 부부는 선교사로 헌신했다. 한국으로 돌아가 안정된 직장을 잡는 것을 내려놓고 선교지에서 복음이 필요한 사람들과 함께하기로 서원했다. 결정을 내리고 나니 선교지로 나가기 위해 먼저 해결해야 할 것이 있었다. 국비장학금이었다. 국비유학생은 학위를 마치면 한국에서 3년간 일해야 한다는 규정이 있었다. 아니면 지원받은 돈을 다시 갚아야 했다.

학위를 마치자마자 한국으로 귀국한 나는 대학에서 일할 곳을 찾았다. 3년 후 선교지에 들어갈 생각이었기에 나는 정규직이 아닌 1년짜리 계약직을 찾았다. 그런데 아들이 학위를 마치고 귀국한다는 소식에 아버지께서는 벌써 이곳저곳 교수 채용 정보를 알아보고 내게 전해주셨다. 정규직에 지원하지 않겠다는 서원을 차마 아버지께는 말씀드릴 수가 없어서 그냥 아무 말 없이 받았다. 서울에 있는 상위권 대학들이었는데 내 전공 분야와도 맞는 곳들이었다. 그리고 그중 한 곳은 정말 마음에 들었다.

이렇게 막상 대학의 채용 공고를 보고 나니 마음이 흔들리기 시작했다.

'내 결정이 정말 맞는 것일까?'

'혹시 잘못된 것이면 어떻게 하지?'

'하나님께서 내 생각과 다르게 인도하실 수도 있잖아?'

'나이가 들어 후회하게 되면 어떻게 하지?'

온갖 두려움과 잡념들이 스쳐갔다. '혹시 모르니…' 하는 생각에 대학의 지원 서류를 받아왔다. 지원하겠다는 것은 아니었다. 단지 혹시 모르니까. 지원 서류를 작성하다보니 첨부해야 하는 서류들이 있었다. 역시 '혹시 모르니…' 하는 생각에 서류들을 모두 구비했다. 지원하겠다는 것은 아니었다. 단지 혹시 모르니까. 서류들을 다 갖추어서 봉투에 정성스럽게 담았다. 지원하겠다는 것은 아니었다. 혹시 모르니까. 마음이 흔들리고 있었다.

서류 마감 전날이 되었다. 밤에 잠이 오지 않았다. 온갖 생각들이 스쳐 지나갔다. 밤새 뒤척이다가 새벽이 되었다. 잠자기는 틀린 것 같다는 생각에 일어나 앉아서 기도하기 시작했다.

"주님, 혹시 제 선택이 틀린 것이면 어떻게 하지요? 나중에 후회하지 않으리라고 어떻게 확신합니까?"

비전을 받는 것과 그것을 실제로 시작하는 것은 다른 일인 것이 분명하다. 고백을 헌신으로 생각했다면 틀렸다. 약속의 땅에 대한 비전을 받는 것과 실제로 요단강을 건너 전쟁을 시작하는 것은 전혀 다르다. 요단강을 앞두고 도하전야(渡河前夜)를 보냈던 여호수아와 이스라엘의 잠 못 이루는 밤. 나는 그 밤, 거기 서 있었다.

기도 중에 문득 '내가 혹시 미친 것은 아닐까?' 하는 생각이 들었다. 주님이 말씀하셨다.

"미친 것이 맞다."

계속 말씀하셨다.

"그런데 세상 기준으로는 규격을 벗어난 베드로도, 바울도 미친 사람이었단다. 하나님의 역사는 하나님을 사랑하고 신뢰하기에, 그의 손을 단단히 붙잡고 규격을 벗어난 길을 선택하는 미친 사람들에 의해 이루어진단다."

> 행 26:24 바울이 이같이 변명하매 베스도가 크게 소리 내어 이르되 바울아 네가 미쳤도다 네 많은 학문이 너를 미치게 한다 하니

일어나서 곱게 봉인해둔 서류 봉투를 꺼내 찢었다. 그날 나는 강을 건넜다. 두려움이라는 이름의 강을. 성령의 위로와 격려 속에 새로운 이야기가 시작되고 있었다.

하나님의 음성에 응답하다

때마침 미국에서 친하게 지내던 목사님이 수원에 교회를 개척하셨다. 워낙 좋아하고 따르던 목사님이라 나는 자연스럽게 개척교회에

합류하게 되었다. 후에 내가 그 교회의 담임목사가 되리라고는 꿈에도 생각하지 못했지만 말이다. 어차피 선교지에 가면 교회를 개척해야 하는데 미리 개척에 참여해보는 것도 좋을 것 같았다. 3년간 일하면서 개척교회를 섬기고 파송을 받아 선교지로 나갈 계획이었다.

그런데 생각지 못한 일이 벌어졌다. 교회를 개척하신 목사님께서 개인적인 사정으로 교회를 사임하고 미국으로 돌아가버리신 것이다. 개척한 지 1년도 안 되는 교회가 목사님은 사임하시고 성도들은 절반 가까이 교회를 떠났다. 우리 가족도 교회를 떠나야겠다고 생각했다. 그때 집사님 몇 분이 나를 찾아오셨다.

"국비유학 규정 때문에 3년 동안은 한국에 계셔야 하지요?"

"예. 그렇습니다."

"그럼 목사나 선교사나 그게 그건데(?) 3년간 교회를 섬겨주시면 어떻겠습니까?"

당황스러운 제안이었다. 신학교 근처에도 가본 적이 없는 평신도 집사에게 교회를 맡아달라니! 더군다나 나는 목회를 할 수 있는 사람이 아니었다. 사람들 앞에 서는 것을 무서워하는 말더듬이였으니까 말이다. 하여간 기도는 해보겠다고 대답했다.

기도하러 기도원에 오르며 나는 이렇게 기도했다.

"하나님, 목회를 하는 것이 하나님의 뜻이라면 알아들을 수 있게 분명히 말씀해주십시오. 그냥 대충 감동이 있다, 이런 것으로는 안 됩니다. 초자연적인 방법으로, 누구도 부인할 수 없는 방법으로 말씀해주십시오. 그러면 제가 순종하여 목회를 하겠습니다. 그러나 그렇지 않으면 원래 계획대로 3년 후에 선교사로 나가겠습니다."

그러나 내 안에는 그런 음성이 들릴 리 없다는 믿음 아닌 믿음이 있었다. 나는 보수적인 학생선교단체에서 처음 신앙생활을 시작하고, 장로교에서 신앙이 성장하여, 미국에서는 침례교에서 성경공부로 잔뼈가 굵은 사람이었다. 하나님의 음성을 듣는다든지, 초자연적인 성령의 역사를 경험한다든지 하는 것과는 거리가 먼 사람이었다.

그런데 이 믿음(?)이 깨졌다. 삼 일째 되는 날, 하나님이 응답하신 것이다. 하나님은 놀랍기도 하고 당황스럽기도 한 방식으로 말씀하셨다. 기도 가운데 주신 말씀은 "나는 새로운 세대를 일으키기 원한다. 새로운 세대는 광야에서 죽어 없어진 모세의 세대와는 다르게 요단강을 건너 땅을 정복할 세대다. 너를 향한 나의 계획(데스티니)은 네가 선교지에 들어가는 것이 아니라 이곳에 남아 새로운 세대인 다음 세대 청년들을 준비시켜 선교지로 들여보내는 것이다"라는 것이었다. 귀로 들었는지 마음으로 들었는지는 모르겠지만, 분명한 것은 귀로 듣는 것보다 더 선명하고 분명한 말씀이었다는 것이다.

감사한 것은 16년이 흘러 둘러보니 교회에서 훈련되고 파송된 많은 청년들이 이스라엘과 아랍 지역을 오가며, 실제로 요단강을 넘나들며 복음 사역을 하고 있는 것이다! 하나님의 계획은 틀림이 없다. 데스티니에는 돌파의 능력이 있다. 나는 교회를 맡기로 결정하고 기도원을 내려왔다. 급하게 신학교에 입학하고, 전도사로 개척교회 목회를 시작하게 되었다. 3년간의 복무 의무 때문에 대학에서 가르치는 일까지 병행하면서 말이다.

창졸간에 목사가!

도대체 무슨 일이 벌어지고 있는 건지 정신이 없었다. 불과 몇 주 전까지 목사가 되리라고는 생각도 못하던 사람이 당장 강단에서 설교를 해야만 하는 상황이 되었다. 설교 훈련? 물론 한 번도 받아본 적이 없었다. 설교 훈련이 문제가 아니라 말더듬으로 남 앞에 서는 일에 공포를 가진 사람이 설교를 해야 하다니!

기도원에서의 초자연적인 하나님의 섭리가 없었다면 나는 절대로 목사가 되겠다는 결정을 할 수 없었을 것이다. 아마 그래서 하나님께서 특별하고 강력하게 말씀하시지 않았나 싶다. 그렇게 안 하면 못 알아들었을 테니 말이다.

첫 설교를 해야 하는 날이 다가왔다. 토요일에 일찌감치 설교 원고를 만들어 놓았지만 밤에 잠을 이룰 수가 없었다. 하나님께서 하라고 하신 일이니 하긴 하겠지만 이게 도대체 가능한 일인지, 강단에서 무슨 일이 벌어질지 도무지 불안해서 잠을 이룰 수가 없었다.

밤새 씨름하며 기도했다.

"주님, 도와주십시오. 함께해주셔야 합니다."

시간이 흐르면서 기도는 원망으로 바뀌었다.

"하나님, 왜 저만 미워하십니까? 말 잘하는 사람도 많은데, 왜 저 같은 사람을 데려다놓고 이러십니까? 왜 저만 못살게 구십니까?"

시간은 속절없이 흘러 아침이 되었고 기도는 살려달라는 애원으로 바뀌었다.

"주님, 살려주십시오!"

살려달라는 애원 속에 주일예배를 인도하기 위해 교회에 갔다. 설교하기 위해 강단에 섰는데 거짓말 같은 일이 벌어졌다. 말을 더듬던 것이 순식간에 사라진 것이다! 하나님께서 말더듬던 장벽을 완전히 허물어버리셨다! 믿기지 않지만 사실이었다. 35년간 기도해도 응답되지 않던 오랜 기도가 한순간에 응답되었다. 언제? 데스티니의 길에 들어섰을 때! 그 이후 지금까지 16년 동안 수없이 강단에 서면서 한 번도 말더듬는 것 때문에 방해를 받아본 적이 없다. 하나님께서 완전히 치유하신 것이다.

데스티니의 진짜 장벽은 믿음 없음이다

데스티니에는 돌파의 능력이 있다. 인생의 장벽들을 돌파하는 능력이 있다. 왜냐하면 데스티니는 하나님의 계획이기 때문이다. 사람이 하는 일은 막을 수 있을지 몰라도 하나님이 하시는 일을 누가 막을 수 있겠는가! 모세와 이스라엘 백성이 출애굽 했을 때 홍해가 그 앞을 가로막고 있었다. 뒤에는 바로의 군대이고 앞에는 거대한 홍해 바다였다. 그러나 이스라엘 백성의 데스티니가 무엇인가? 애굽을 떠나 약속의 땅에 들어가는 것이 아니었던가? 이들이 하나님이 주신 데스티니를 좇아 홍해에 발을 디뎠을 때 홍해가 갈라져버렸다!

여호수아가 약속을 좇아 요단을 건넜다. 그 앞에 기다리고 있던 것은 거대한 성 여리고였다. 여리고 성은 작은 성이 아니었다. 성벽 위에 기생 라합이 집을 짓고 살았던 것을 보면 거대한 성이었다. 난 공불락의 성이었다. 그러나 이스라엘 백성이 요단을 건너 여리고로 진격했을 때 이 난공불락의 성이 무너졌다! 이스라엘 백성이 한 것이 아니었다. 이들은 그저 성을 몇 바퀴 돈 것이 전부였다. 하나님께서 이 거대한 여리고 성을 순식간에 무너뜨리신 것이다! 이것이 데스티니에 들어서는 능력이다.

우리의 삶 가운데 하나님의 능력을 경험하는 것은 데스티니와 연관이 있다. 데스티니는 우리를 향한 하나님의 계획이다. 그렇기 때문에 그것을 막을 수 있는 자는 아무도 없다. 우리 자신 외에는 없다. 우리가 무지하고 우리가 불순종해서 데스티니가 이루어지지 않을지 몰라도, 환경이나 다른 사람 또는 다른 존재가 이것을 막을 수는 없다. 결코 없다.

당연한 것 아닌가? 하나님이 계획하신 것을 누가 막을 수 있단 말인가? 당신의 인생도 마찬가지다. 데스티니의 길에 들어서 보라. 물론 믿음이 필요한 길이다. 그러나 한 발만! 딱 한 발만 내딛어 보라! 당신 앞에서 홍해가 갈라지고 여리고가 무너지는 것을 보게 될 것이다. 데스티니에는 돌파의 능력이 있다. 위대한 하나님의 계획 앞에 누가 설 수 있단 말인가!

우리 인생에 진짜 장벽은 환경이나 나의 부족함이 아니다. 우리 인생의 진짜 장벽은 데스티니로 인도하시는 하나님의 말씀을 따라가지 못하는 것이다. 하나님의 말씀을 믿지 못하는 것이다. 이것이 우리 인생을 막는 진짜 장벽이다. 이 장벽이 무너져야 한다. 순종함으로 한 발을 내딛으라. 믿음의 발, 딱 한 발이면 된다. 그다음은 하나님이 하신다. 이것이 성경의 이야기고, 또 내가 경험한 하나님의 이야기다.

약점으로 일하시는 하나님

하나님은 꼭 우리의 장점을 통해서만 일하시는 분이 아니다. 만약 장점을 통해서만 일하신다면 나는 설교자로서 가장 부적합한 사람이었다. 다른 건 몰라도 설교는 절대로 내 은사가 아니었다. 학창 시절 내가 다른 사람들 앞에서 무언가를 이야기하면 사람들은 다 힘들어했고 심지어 웃기까지 했다. 그런데 하나님은 나의 장점이 아니라 내가 가장 자신 없어 하고 가장 못한다고 생각했던 나의 연약한 점,

내 약점을 통해 일하기 원하셨다. 그리고 실제로 그렇게 하셨다.

능력이 많고 은사가 많으면 하나님이 그 능력을 사용하여 일하실
것 같지만 사실 꼭 그렇지만은 않다. 오히려 많은 능력과 은사는 위
험할 수 있다. 하나님을 의지하지 않아도 할 수 있는 일들이 많기 때
문이다. 하나님은 우리의 약점, 연약함을 통해 일하신다. 감당할 수
없는 일 앞에 섰을 때 내가 할 수 있는 유일한 일이라고는 기도밖에
없다. 하나님을 의지하는 길 외에는 없다. 그래서 성경의 인물들은
능력이 많았던 사람들이 아니었다. 그들은 기도의 사람들이었다. 연
약함에도 불구하고 기도했던 사람들이며, 연약함에도 불구하고 믿
음으로 순종하고자 했던 사람들이었다.
연약함이 있는가? 할렐루야! 당신은 하나님께 쓰임 받을 완벽한
조건을 갖추었다! 신통한 은사라곤 없는가? 기뻐하라! 당신은 하
나님이 사용하실 완벽한 사람이다! 연약함에도 불구하고 하나님을
의지하며 순종하라. 연약함으로 인하여 기도의 자리에 나아가라!

얍복강의 야곱처럼 하나님과 씨름하는 그 자리에 나아가라. 하나님은 그 기도를 사용하셔서 당신의 데스티니의 장벽을 부술 것이다. 데스티니의 길에 들어설 때 당신 앞에 홍해가 갈라지고, 당신 앞에 여리고가 무너지는 것을 보게 될 것이다.

합 3:19 주 여호와는 나의 힘이시라 나의 발을 사슴과 같게 하사 나를 나의 높은 곳으로 다니게 하시리로다

2 데스티니를
이루려면?

DEST♦NY

FAMILY ROOM

FLOOR ELEVATION

EXIST

EXIST. BRICK WALL
TO BE DEMOLISHED

C1

C.I.B.

7'-0"

7'-2"

EXIST. JOISTS

EXIST. 8" BRICK
WALL ABOVE

3/4" SUBFLOOR

9 1/2"

360 @ 16" O.C.

BM 4

BM 2

9'-5"

LONG

KNEE WALL
FOR EXIST
SUPPORT

TO BE EXIST

2'-0"

C1

4"

3'-4" MIN.

14"

EQ.

EQ.

EXIST. JOISTS

EXIST. 8" MASONRY
WALL

WIDE
VENTILATED

OBC

EXIST. JOISTS

BE

5 우리를 만드신 분을 만나라

성경 속 나의 인생 설계도

데스티니를 발견하고 이루어가기 위해서는 무엇보다도 그것을 디자인하신 분에게서 들어야 한다. 하나님의 계획을 사람에게 알려주시는 것이 계시라고 할 때 데스티니는 분명 계시의 영역이다.

내 취미 중 하나는 목공이다. 나는 나무를 재단하여 무언가를 만드는 것을 참 좋아한다. 유학생 때의 일이다. 미국에 가보니 공구점에 신기한 공구들이 많았다. 그중에 하나가 전기톱이었다. 당시 한국에서는 개인이 사용할 만한 전기톱을 구경하기 어려웠는데 미국 공구점에는 개인용 전기톱들이 즐비했다. 흥분된 마음에 하나를 구입했다.

전기톱을 구입했으니 뭔가 해야지! 나무를 사서 간단한 가구를 만들기 시작했다. 전기톱의 구조는 생각보다 단순했다. 전원 플러그를 꼽고 스위치만 켜면 끝이었다. 가장 단순한 모델이었기에 다른 기능은 없었다. 달려 있는 스위치라고는 온오프(on-off) 스위치가 전부였다. 설명서가 딸려오기는 했지만 기계에 남다른 감각이 있다고 자부하던 나는 스위치 하나짜리 기계의 설명서를 읽는 것은 수치라고 생각했다.

바로 전기톱의 스위치를 켜고 나무를 치수에 맞춰 자르기 시작했다. 그런데 웬걸, 생각지도 못한 일이 벌어졌다. 톱이 심하게 흔들려서 똑바로 자를 수가 없는 것이다. 비로소 겸손해졌다. 설명서를 펼쳐보았다. 아니나 다를까! 전기톱은 심하게 흔들리기 때문에 직선으로 자르기 위해서는 반드시 버팀목을 사용해야 한다고 나와 있었다.

생각해보라. 하찮은 기계도 만든 사람의 설명이 없으면 작업을 망치게 되는데, 전기톱과 비교할 수 없이 복잡한 사람은 어떨까? 뇌세포의 숫자만 1천억 개가 넘는 인간은 부품 몇 개로 이루어진 전기톱과는 비교할 수 없이 복잡한 존재가 아닌가? 인간을 디자인하신 분의 설명을 듣지 않고 인생을 살겠다고 하는 것은 교만을 넘어 어리석음이라고 해야 하지 않을까? 나무야 망치면 다시 사면 되지만 소중한 인생은 어떻게 할 것인가? 망치면 다시 살 수도 없는 인생인데….

우리에게는 우리 인생을 디자인하신 분이 계신다. 창조주가 계신다. 후회 없는 인생을 살기 원하는가? 그렇다면 인생을 디자인하신 분을 만나라. 그분께 들어라. 이것이 내가 성경을 읽고 성경에 집착

하는 이유다. 기억하라. 인생의 성공과 실패는 화려한 그림을 그리는 것이 아니라 인생을 디자인하신 분의 설계도대로 사는 것이다. 그분이 건네주신 성경이 우리에게 있는 것이 참으로 감사하다.

실로암 맹인 걸인의 팔자

성경을 펼쳐보자.

> 요 9:1-3 예수께서 길을 가실 때에 날 때부터 맹인 된 사람을 보신지라 제자들이 물어 이르되 랍비여 이 사람이 맹인으로 난 것이 누구의 죄로 인함이니이까 자기니이까 그의 부모니이까 예수께서 대답하시되 이 사람이나 그 부모의 죄로 인한 것이 아니라 그에게서 하나님이 하시는 일을 나타내고자 하심이라

예수님과 제자들이 길을 가다가 날 때부터 맹인인 거지를 만났다. 요즘도 장애인들이 살아가기가 쉽지 않지만 그 당시는 더욱 어려웠다. 눈이 보이지 않으니 공부를 할 수도 없고 농사나 목축을 하여 돈을 벌 수는 더더욱 없었다. 그가 할 수 있는 일이라고는 길에서 다른 사람들의 자선(慈善)을 구하는 것밖에 없었으리라. 다른 사람들 역시 이것이 그의 팔자라고 이야기했다.

"그게 네 팔자야. 소경으로 태어난 네 팔자가 그런 걸 어떻게 하겠니?"

맹인도 사람들이 이야기하는 그의 '팔자'를 데스티니로 받아들였다. 그리고 그는 사람들이 말해준 팔자대로 걸인이 되었다.

우리말에는 '팔자'라는 개념이 있다. 팔자는 삶의 부정적인 면들 또는 실패를 운명으로 받아들이라는 거짓 짝퉁 데스티니다. 팔자는 하늘로부터 선포되는 것이 아니라 사람들로부터 선포된다.

"그게 네 팔자야!(그러니 포기하고 그냥 살아…)"

우리가 데스티니를 발견하고 이루어가기 위해서는 사람들이 정한 거짓 데스티니인 팔자에서 벗어나야 한다.

"너는 어쩔 수 없는 존재야."

"너 같은 게 뭐 대단한 삶을 살겠어."

"넌 머리가 나빠서 어쩔 수 없어."

"너는 못생겼잖아?"

"너는 여자야, 여자가 뭘. 쯧…."

"너는 건강이 그래 가지고…."

"네 학벌 가지고 무슨…."

"너는 소경이야. 그게 네 팔자야."

거짓 데스티니인 팔자는 끊임없이 우리를 낙심케 한다. 하나님이 주신 데스티니가 축복이라면 이 거짓 데스티니는 저주다. 만약 당신이 거짓 데스티니의 영향 속에 살고 있다면 빨리 벗어나라. 그것은 사실이 아니다. 하나님은 당신을 그렇게 만들지 않으셨다. 하나님은 당신을 놀랍고 특별한 존재로 만드셨다. 당신만이 할 수 있는 특별한 은사를 당신의 삶 속에 심어놓으셨다.

어떤 사람은 머리가 나쁠 수 있다. 그러나 그 사람에게는 놀라운 음악적 재능이 있을 수 있다. 머리가 나쁘고 음악도 못할 수 있다. 그렇지만 그림을 잘 그리지는 않는가? 머리도 나쁘고 음악도 못하고 그림도 못 그릴 수 있다. 그래도 다른 사람의 마음을 편하게 해주는 미소가 있지 않은가? 하나님은 당신을 아무도 복제할 수 없는 특별한 존재로 만드셨다. 팔자, 이 거짓 데스티니에서 벗어나라. 하나님이 당신에게 주신 길, 당신만을 위해 주신 그 고유한 길로 들어서라.

창조주를 만나다

거짓 데스티니인 팔자를 따라 거리에서 구걸하던 걸인에게 어느 날 예수 그리스도께서 찾아오셨다. 그의 창조주를 만난 것이다! 그렇다. 그날 걸인이 만난 것은 그를 디자인하신 창조주였다! 그리고 창조주가 이렇게 이야기한다.

요 9:3 예수께서 대답하시되 이 사람이나 그 부모의 죄로 인한 것이 아

예수님은 사람들과는 다르게 말씀하셨다.

"세상은 너를 저주받은 사람이라 하고 실패자라고 하지만 너의 진짜 데스티니가 무엇인지 아느냐? 그것은 너를 통해 하나님이 하시는 일을 나타내고자 하심이라!"

와우! 하나님이 하시는 일을 나타내는 것! 그 영광을 나타내는 것! 이것이 이 소경의 진짜 데스티니였다! 그리고 이것이 우리 모든 사람의 진짜 데스티니다. 원치 않는 부모 밑에 태어나 팔자라고 생각하며 포기하고 원망했던 것들. 아니다! 팔자가 아니라 그 일을 통해 하나님이 하시는 일을 나타내고자 하심이다! 장애를 가지고 태어났기에 어쩔 수 없는 운명이라 여기며 포기하고 한탄했던 일들. 아니다! 팔자가 아니다. 그것은 하나님의 영광을 나타내려 하심이다!

여자로 태어난 것도 남자로 태어난 것도, 키가 크게 태어난 것도 작게 태어난 것도, 재주가 많게 태어난 것도 재주가 부족하게 태어난 것도, 금수저로 태어난 것도 흙수저로 태어난 것도, 그 어떤 것도 팔자가 아니다! 그것은 하나님이 하시는 일을 나타내고자 하심이다! 당신의 데스티니가 무엇이냐고? 사람마다 모습은 다양할 수 있다. 그러나 궁극적으로는 하나다. 그것은 하나님이 하시는 일, 그 영광을 이 세상 가운데 나타내는 것이다.

맹인이 예수님을 만났을 때 그의 진짜 데스티니가 펼쳐지기 시작했다. 언제? 예수님을 만났을 때. 우리의 데스티니도 마찬가지다. 창조주 되신 그분을 만날 때 우리 인생의 진짜 데스티니가 펼쳐지기 시작한다. 우리의 삶 가운데 하나님이 행하시는 하나님의 영광을 나타내는 진짜 데스티니 말이다.

그러나 사탄은 하나님이 심어놓으신 놀라운 축복의 비밀들을 보지 못하게 한다. 그래서 팔자라는 단어 속에 불평과 원망과 고통이 쌓여가게 한다. 그러나 하나님을 만나고 이 비밀의 장막이 걷히는 순간 우리는 우리가 저주하던 '그것'조차 하나님 안에서 얼마나 축복된 데스티니인지를 발견하게 될 것이다.

앞서 나누었던 나의 말더듬 저주처럼 말이다. 말더듬은 정말 저주였다. 적어도 그렇게 보였다. 친구들의 비웃음거리가 되는 것도 괴로웠고 내 생각을 자유롭게 말하지 못하는 것도 괴로웠다. 내가 괴로워하는 것을 보신 어머니는 나를 웅변 학원에 보내셨다. 초등학교 때 일이다. 요즘은 찾아보기 어렵지만 당시에는 남들 앞에서 호소력 있게 말하는 것을 배우기 위해 웅변 학원을 다니는 아이들이 꽤 있었다. 말더듬을 고쳐보려고 1년 이상 웅변 학원을 다녔지만 불행하게도 아무 효과가 없었다.

세월이 흘러 목회를 하게 되었다. 요즘 설교를 할 때면 발음이 정확하다는 이야기를 자주 듣는다.

"목사님의 말은 빠른데도 불구하고 듣기에 아주 편해요. 발음이

뭉개지지도 않고 한 마디 한 마디가 또렷또렷해요."

웅변 학원! 그렇다. 초등학교 때 흔하지 않은 웅변 훈련을 받지 않았던가. 그것도 1년 이상이나 말이다. 원망과 한탄은 내가 데스티니의 길에 들어섰을 때 오히려 놀라운 축복이 되었다. 하나님을 만나라. 팔자라 생각했던 당신의 저주도 축복으로 바뀔 것이다.

요한복음 9장의 맹인 걸인뿐만이 아니라 모세도, 기드온도, 이사야도, 예레미야도, 하박국도, 요나도 모두 하나님을 만나고 그들의 데스티니 여정이 시작되었다. 당신도 다르지 않다. 데스티니의 여정에 들어서기 원하는가? 그렇다면 하나님을 만나라. 그날 실로암의 걸인처럼 하나님을 만나라. 당신을 창조하시고 설계하신 그분을 말이다. 저주와 원망이 축복으로 바뀔 것이다.

데스티니는 계시의 영역이다. 나를 향한 하나님의 태초부터의 계획을 보는 것이기 때문에 그렇다. 그렇기에 데스티니를 발견하는 길은 '성령과 말씀'이라는 너무나 단순한, 그러나 가장 강력하고 확실한 '하나님과의 만남'을 통하지 않고는 불가능하다. 데스티니를 발견하는 공식이나 데스티니를 발견하는 질문지 따위는 없다. 데스티니는 항상 우리를 놀라게 하며 우리가 생각하지 못했던 일들을 포함하고 있는 하나님의 위대한 계획이기에, 그분을 만나 듣기 전에는 이해할 수 없다.

기도와 말씀의 자리, 성령님을 깊이 만나는 자리, 이 자리에 나아가라. 요한복음 9장의 맹인에게 예수께서 찾아오셨듯이 오늘 당신의 삶에 성령께서 찾아오신다. 그리고 그곳에서 당신의 데스티니가 시작될 것이다. 하나님께 듣는 것이 어렵다고 느껴지는가? 그렇다면 좀 더 인내를 가지고 이 책을 끝까지 읽기 바란다. 성령과 말씀을 통해 당신의 데스티니가 조명되는 일을 돕는 것이 이 책의 목적이기 때문이다. (많이 궁금하다면 "8장 하나님께 들으라"를 먼저 읽어도 좋다.)

6 순종, 장벽을 부수다

인생의 장벽이 무너지다

데스티니를 이루기 위해 두 번째로 필요한 것은 순종이다. 데스티니가 이루어지기 위해서는 단순히 데스티니에 대한 오해에서 벗어나는 것으로 충분하지 않다. 데스티니를 가로막는 진짜 장벽을 부수어야 한다. 그것을 부수는 것이 순종이다.

실로암 맹인의 보이지 않는 눈은 예수께서 아무리 뭐라고 말씀하셔도 결국 이 맹인의 인생의 모든 가능성들을 막아버리는 강력한 장벽이었다. 무엇을 하려고 해도 항상 이 장벽이 그 앞을 가로막았다.

예수께서 소경의 눈에 진흙을 바르시고 명령하신다.

"실로암 못에 가서 씻으라."

요 9:6,7 이 말씀을 하시고 땅에 침을 뱉어 진흙을 이겨 그의 눈에 바르시고 이르시되 실로암 못에 가서 씻으라 하시니 (실로암은 번역하면 보냄을 받았다는 뜻이라) 이에 가서 씻고 밝은 눈으로 왔더라

맹인이 이 말씀에 순종했을 때 놀라운 일이 벌어졌다. 장벽이 무너진 것이다! 맹인의 인생을 가로막고 있던 오랜 장벽, 인생의 모든 가능성을 막아버리고 있던 괴물 같은 장벽, 이 장벽이 무너져버린 것이다. 맹인이 눈을 떴다! 이것이 데스티니의 능력이며 이것이 순종의 비밀이다. 당신은 실로암 연못의 경험이 있는가? 장벽이 무너진 장소, 그 위대한 감격이 있는가? 나는 있다. 내 말더듬이라는 거대한 인생의 장벽이 무너진 실로암이!

나라와 민족의 데스티니

이것은 개인의 이야기뿐 아니라 공동체, 더 나아가 나라와 민족도 마찬가지다. 한 나라와 민족이 데스티니에 들어서면 하나님께서 그 앞의 장벽들을 부수신다.

여호수아와 이스라엘 백성이 하나님의 말씀에 순종하여 요단강에 발을 들여놓았을 때 이 발걸음은 단순히 강을 건너는 발걸음이 아니었다. 이것은 데스티니로 들어가는 발걸음이었다. 하나님께서는

이 순종을 통해 여리고를 무너뜨리시고 그들의 데스티니를 이루셨다. 이들은 사십 년 전 모세의 세대와는 달랐다. 모세의 세대가 가데스 바네아에서 가나안으로 들어가라는 하나님의 말씀을 거부했을 때 슬프게도 이들을 향한 하나님의 데스티니는 멈추어버렸다. 이들이 광야에서 다 죽어 없어질 때까지 이스라엘 백성을 향한 하나님의 데스티니는 한 걸음도 나아가지 못했다.

순종은 데스티니의 장벽을 허물지만 반대로 불순종은 데스티니를 멈추게 하거나 왜곡시킨다.

"아니, 하나님의 계획이 변경되거나 막힐 수 있다는 말입니까?"

그렇다. 환경이나 다른 사람이 나의 데스티니를 막을 수는 없다. 데스티니는 하나님의 계획이기 때문에 그렇다. 그러나 하나님의 계획을 막을 수 있는 것이 딱 하나 있는데, 그것은 바로 '나 자신'이다. 나의 선택을 존중하시는 하나님의 속성 때문에 그렇다. 다른 어떤 것도 나를 향한 하나님의 계획을 막거나 변경할 수 없지만 나 자신만은 가능하다. 그렇기 때문에 순종은 데스티니를 이루어가는 중요한 열쇠다. 아담과 하와의 불순종이 인간의 데스티니를 어떻게 왜곡시켰는지를 상기해보라. 성경 말씀에 순종함으로 성령님을 따라갈 때 데스티니가 이루어진다.

나라와 민족의 데스티니에 대한 이야기를 좀 더 나눠보자.

행 17:26 인류의 모든 족속을 한 혈통으로 만드사 온 땅에 살게 하시고

그들의 연대를 정하시며 거주의 경계를 한정하셨으니

　개인뿐 아니라 나라와 민족에도 데스티니가 있다. 생각해보라. 한 사람 한 사람을 향해 섬세한 계획을 가지고 계신 이가 나라와 민족을 아무 계획 없이 만드셨겠는가? 나라와 민족뿐 아니라 돌멩이 하나도 하나님의 계획 없이 놓여 있는 것은 없다.
　출애굽기 19장 6절은 이스라엘 민족에 대해 이렇게 이야기한다.

> 출 19:6 너희가 내게 대하여 제사장 나라가 되며 거룩한 백성이 되리라 너는 이 말을 이스라엘 자손에게 전할지니라

　제사장은 개인의 직분이다. 그런데 하나님께서 이스라엘 민족을 향해 '제사장 나라'라고 칭하신다. 이스라엘 민족의 데스티니를 말씀하신 것이다. 제사장은 하나님과 사람을 연결하는 직분이다. 그렇기 때문에 이스라엘을 통해 성경이 주어지고 이스라엘을 통해 메시아가 이 땅에 오셨다. 이스라엘 민족의 데스티니다. 이스라엘뿐 아니라 아프리카는 아프리카의 데스티니가 있고, 이집트는 이집트의 데스티니가 있고, 일본은 일본의 데스티니가 있다.
　나라와 민족의 데스티니를 이해하는 것이 중요한 이유는 각 개인의 데스티니는 그가 속한 나라와 민족의 데스티니와 연결되어 있기 때문이다. 당신이 한국 사람으로 태어났다면 한국 민족을 향한 하나님의

큰 계획 속에 당신의 데스티니가 퍼즐로 존재하는 것이지, 민족의 데스티니와 별개로 당신의 데스티니가 따로 존재하는 것이 아니다.

예를 들어 한 나라에 전쟁이 일어났다고 생각해보라. 그 땅에 속한 각 사람의 데스티니는 전쟁이라고 하는 배경 위에서 진행되는 것이지, 날고 기어도 이 상황에서 자유로울 수 없다. 공동체의 데스티니와 개인의 데스티니가 분리되어 있지 않다는 것이다. 당신의 데스티니가 이루어지기 원하는가? 그렇다면 한국을 향한 하나님의 계획을 보라. 그 속에 당신의 데스티니도 있다.

선교가 위대한 것은, 선교는 그 민족의 데스티니를 일깨워주고 그것을 이룰 수 있도록 도와주는 것이기 때문이다. 이것이 데스티니의 관점에서 바라보는 선교다. 한 민족을 향한 하나님의 계획이 이루어지도록 동역하는 것이 선교라면 너무나 놀랍고 영광된 일이 아닌가? 한 나라와 민족의 죽고 사는 문제, 한 나라와 민족의 흥하고 쇠하는 열쇠가 모두 데스티니에 달려 있다는 것을 이해할 때 이보다 중요한 일은 없다. 어떤 민족이든지 자기 민족의 데스티니를 깨닫고 그 길에 들어설 때 그들 앞에 홍해가 갈라지고 여리고가 무너질 것이다.

한국의 데스티니

이것을 증언하는 나라가 바로 한국이다. 한국의 데스티니가 무엇이라고 생각하는가? 데스티니가 한 가지만은 아니지만 모든 사람이 동의하는 한국의 데스티니가 있다. 그것은 기도다. 한국처럼 기도하는 민족은 찾아보기 힘들다. "주여!" 삼창하는 민족도 한국뿐이고, 산 기도 하는 민족도 한국뿐이다.

기도는 모든 그리스도인들을 위한 것이다. 하지만 한국 교회의 기도는 뭔가 독특함이 있다. 한국 교회는 새벽 기도, 산 기도, 철야 기도, 통성 기도, 수요 기도 등 수많은 기도의 문화를 만들어냈다. 오죽하면 미국에서 통성 기도를 'Korean style prayer'(한국식 기도)라 부르겠는가! 분명 기도는 한국 교회의 데스티니 중 하나다.

나는 한국 전쟁이 끝난 1960년대에 태어났다. 내가 어렸을 때만 해도 한국은 참 가난했다. 불과 한 세대 전이지만 달걀 먹기가 쉽지 않았다. 집에 손님이 오시면 어머니는 정성스럽게 달걀말이를 만들어 대접했는데, 우리 삼남매는 손님이 혹시 달걀말이를 남기고 가지 않을까 싶어 접시만 쳐다보곤 했다. 대부분의 손님들은 으레 아이들 먹으라고 달걀을 몇 개 남겨두셨다. 그런데 어떤 손님은 눈치 없이 달걀을 다 드셨다. 마지막 달걀이 사라지는 순간 우리 삼남매가 소리 높여 함께 울었던 기억이 있다. 요즘은 상상도 할 수 없는 일이지만 당시만 해도 달걀 먹는 것이 쉽지 않았다.

전쟁 직후 한국은 세계에서 두 번째로 가난한 나라였다. 아프리카 국가들에게서조차 원조를 받던 나라였다. 과연 아프리카에서 무엇을 보냈을지 궁금하다. 그것이 불과 60년 전 이야기다. 그런데 60년

이 흐르며 상상하기 힘든 일이 벌어졌다. 대한민국이 세계 10위권을 바라보는 경제 대국이 된 것이다. 원조를 받던 나라에서 원조하는 나라로 바뀌었다. 세계 어디서도 찾아볼 수 없는 기적이었다.

잘사는 나라 대한민국, K-pop과 한류, 동계올림픽까지. 나는 아직도 한류가 실감나지 않는다. 전 세계 어디를 가든지 한국 사람이라고 하면 마치 연예인 바라보듯이 하는 그 시선이 익숙하지 않다. 어떻게 이런 일이 가능했을까? 거기에는 우리 부모 세대의 '기도'가 있다고 믿는다. 가난했던 60년대 70년대, 한국에 놀라운 기도운동이 시작되었다. 교회마다 새벽을 깨우며 기도하기 시작했고 산마다 기도원이 세워졌다. 가정 제단이라 부르며 집마다 기도하는 소리가 그치지 않았다.

그렇다, 기도! 한국이 그 데스티니에 들어서기 시작한 것이다! 워낙 가난했던 이 시대의 기도는 민족 복음화와 더불어 우리 자식들은 배고프지 않게 해달라는 일용할 양식을 구하는 원초적인 기도였다. 오늘날의 잣대로 이 기도를 너무 쉽게 '기복신앙'이라 치부하지 않았으면 좋겠는 것은, 전후(戰後) 끔찍했던 가난을 기억하는 사람들에게 이 기도는 눈시울이 뜨거워지는 생존을 위한 기도였기 때문이다.

한국이 그 데스티니에 들어섰을 때 무슨 일이 벌어졌는지 보라! 놀라운 하나님의 기적이 일어났다! 가난의 장벽이 무너진 것이다! 절망의 홍해 바다가 갈라진 것이다! 할렐루야! 이것이 데스티니의 능력이다. 당신의 인생에 어떤 여리고가 버티고 있는지, 어떤 홍해바다가 가로막고 있는지 나는 모른다. 그러나 한 가지만은 확실하다. 당신이 데스티니의 길에 들어설 때 그 여리고는 무너질 것이고 홍해 바다는 갈라질 것이다.

7 거룩함을 지켜라

죄, 데스티니의 파괴자

데스티니를 이루어가는 세 번째 열쇠는 거룩함이다. 하나님은 죄를 아주 미워하시는데 그것은 죄가 하나님에게 어떤 피해를 주기 때문이 아니다. 하나님이 죄를 미워하시는 이유는, 죄는 그 죄를 지은 사람의 데스티니를 망가뜨리기 때문이다. 죄는 하나님이 목숨처럼 사랑하시는 자녀들의 데스티니를 멈추게 하고 왜곡되게 한다. 이것이 하나님이 죄를 미워하시는 이유다.

아담의 데스티니는 하나님이 창조하신 세상을 다스리는 것이었다 (창 1:26). 그러나 아담과 하와가 죄를 지었을 때 그들은 하나님의 동산에서 쫓겨나야 했으며, 원래 하나님의 계획에는 없던 '죽음'이라는 왜곡된 데스티니를 맞이하게 되었다. 엘리사의 시종 게하시가 나아만 장군에게 돈을 요구하는 죄를 범했을 때 그의 데스티니에는 없던 저주가 그에게 임했다. 가인이 아벨을 죽였을 때 가인의 데스티니는 파괴되었고, 아나니아와 삽비라가 교회를 속였을 때 그들의 데스티니는 멈춰버렸다. 출애굽 한 이스라엘 백성들이 가나안에 들어가기를 거부하는 죄를 지었을 때 그들의 데스티니는 38년 동안 지연되었고, 유다가 예수를 파는 죄를 지었을 때 그의 데스티니는 비참하게 멈춰버렸다. 모든 죄는 데스티니를 멈추게 하거나 지연시키거나 또는 왜곡한다. 그래서 하나님은 죄를 미워하신다.

그러나 반대로 거룩함을 지켰을 때는 데스티니의 속도가 가속된다. 다니엘이 왕의 진미와 포도주를 거부함으로 거룩함을 지켰을 때 이것이 오히려 다니엘의 데스티니를 가속화했고, 다니엘의 세 친구 사드락과 메삭과 아벳느고가 금 신상 앞에 절하기를 거부했을 때 이것이 오히려 그들을 더욱 높은 자리에 오르게 했다. 하나님이 계획하신 데스티니를 이 땅에서 100퍼센트 다 이루는 사람은 없다. 예수님 외에는 없다. 왜냐하면 우리의 데스티니는 우리를 향한 하나님의 기대만큼이나 크기 때문에 그것을 다 이루는 것은 불가능하다. 어떤 사람은 10퍼센트, 어떤 사람은 20퍼센트… 사람마다 데스티니를 어디까지 이룰 것인지는 다 다르다. 당신은 당신의 데스티니를 어디까지 이루기 원하는가? 10퍼센트에서 만족하는가? 아니면 50퍼센트, 70퍼센트까지 이르기 원하는가? 그렇다면 거룩함을 지켜라. 거룩함을 지키는 것은 우리를 데스티니의 더 높은 곳까지 이르게 한다. 다니엘도, 모세도, 엘리야도 모두 하나님 앞에 거룩함을 지킴으로써 데스티니의 더 높은 곳까지 이르렀던 사람들이다. 그중에 당신도 있기를 축복한다.

아뿔싸, 논문이 꼬였다

미국에서 박사 학위 논문을 쓸 때였다. 앞서 언급한 것처럼 내 전공은 수학이었다. 1999년 10월로 기억하는데 박사 학위 논문 심사를 무사히 통과하고 그해 12월에 학위를 받을 예정이었다. 지도 교수의 사인만 받아서 본부에 제출하면 모든 것이 끝나는 상황이었다. 사인을 받으러 지도 교수의 방을 두드렸는데 문제가 생겼다.

지도 교수는 잠깐 앉아보라고 하더니 내게 이메일을 하나 보여줬다. 스탠포드 대학의 엘리아쉬버그(Eliashberg)라는 교수에게서 온 메일이었다. 내 논문을 읽어보니 결과가 틀린 것은 아니지만 한 단계가 제대로 설명이 안 된다는 것이었다. 수학 논문은 절대로 논리적 구멍이 있으면 안 되지만, 워낙 복잡한 내용을 다루다보니 놓치고 지나가는 논리적 구멍들이 종종 발견된다. 일단 논문이 발표되고 난 후에 그 '구멍'이 발견되는 것은 고의만 아니었다면 상관없다. 그러나 논문이 발표되기 전에 누군가 '구멍'을 발견한다면 논문의 저자가 그 구멍을 해결하기 전에는 논문을 발표할 수 없다. 이것이 학계의 규율이다.

그런데 나는 세상적으로 말해서 참 재수가 없었다. 하루만 늦게 이메일을 받았다면, 그래서 지도 교수의 사인을 받아 논문을 제출하고 나서 이메일을 받았다면, 이것은 학위와는 상관없는 건전한 학문 토론이 되었을 것이다. 그런데 교수의 사인을 받는 바로 그날 아침에 이메일을 받다니! 나는 이 문제를 해결하기 전에는 졸업을 할 수 없게 되었다.

논문 수정 작업이 시작되었다. 처음에는 사소한 실수일 거라 생각했는데 아뿔싸! 사소한 실수가 아니었다. 논문에는 생각보다 아주 큰 실수가 있었다. 결국 졸업을 한 학기 미루고 문제 해결에 매달리기 시작했다. 몇 날 며칠을 잠도 자지 않고 수염도 깎지 않고 문제에 매달렸다.

당시 나는 박사 과정 6년차였기 때문에 이 문제를 제때 해결하지 못하면 여러 가지 여건이 복잡해지는 상황이었다. 물론 처음부터 주제를 다시 잡아서 다른 논문을 쓸 수도 있겠지만, 학교에서는 6년차 이상의 학생에게는 재정 지원을 해주지 않았다. 더욱이 내가 전공했던 위상수학(topology)이라는 분야는 쉽게 논문이 나오는 분야가 아니었다. 새로운 주제로 다시 시작한다면 얼마의 시간이 걸릴지 예측할 수 없었다. 재정 지원 없이 기약 없는 유학생활을 한다는 것은 불가능했다.

학위를 포기하고 한국으로 돌아가야 할지도 모른다는 두려움이

몰려왔다. 문제는 아주 심각했다.

'가만 있어봐. 졸업을 못하게 되면 어떻게 되는 거지?'

상상하기도 싫은 결과들이 거기 있었다. 부모님과 지인들의 얼굴을 어떻게 볼 것이며, 현실적으로 취업은 어떻게 할 것인지, 당시 이미 삼십을 훌쩍 넘어선 내 나이를 생각하면 박사 학위 없이는 정상적인 취업이 어려워 보였다. 더욱 심각한 것은 국비장학금이었다. 학위를 받지 못할 경우 정부에서 지원해준 몇 년 동안의 학비와 생활비를 전부 반환해야 했다. 인생이 무너지는 소리가 들렸다. 불안과 두려움이 나를 더욱 연구로 몰아넣었다.

흰옷 입은 주의 백성

그러던 어느 날 새벽, 정말 기적같이 문제가 해결되었다! 너무 기뻐서 "할렐루야"를 외치고 문제를 제기했던 엘리아쉬버그 교수에게 이메일을 보냈다. 문제가 해결된 기쁨을 안고 자리에 누웠는데 잠이 오지 않았다. 한 가지 일에 너무 몰두하다보니 뇌가 멈추지 않았다. 머릿속에 수식들이 멈추지 않고 저절로 돌아갔다.

"다 풀렸어. 더 이상 생각하지 않아도 돼. 빨리 자."

아무리 스스로에게 선포를 해도 소용이 없었다. 발동이 걸린 뇌는 브레이크가 작동되지 않는 차처럼 계속 달리고 있었다. 그런데 아침까지 멈추지 않던 이 '뇌'는 급기야 해결 과정에 또 다른 오류가 있다는 것을 스스로 발견해버렸다! 문제가 해결된 것이 아니었다. 전혀 아니었다. 나의 착각이었을 뿐.

"에이, 그러면 그렇지. 이게 풀릴 리가 있냐?"

그러고는 잠이 들었다. 오후에 느지막이 일어나서는 이메일을 확인하려고 컴퓨터를 켰다. 그런데 놀랍게도 엘리아쉬버그 교수에게서 답장이 왔다. 축하한다고 말이다! 이분도 또 다른 오류를 미처 발견하지 못한 것이다!

새로운 고민이 시작되었다.

'그냥 넘어가? 이제 시비 걸 사람도 없어졌잖아?'

'아니야. 그래도 크리스천으로서 양심이 있지.'

고민이 깊어졌다.

'뭐, 결과가 틀린 것도 아니잖아? 설명 안 되는 논리적 구멍이 하나 있는 것뿐이야. 나중에 다른 논문에서 메우면 되지 않을까? 이 정도의 오류도 없는 논문이 어디 있겠어? 엘리아쉬버그도 괜찮다고 하잖아?'

졸업하지 못할 경우 감당해야 할 상상하기 싫은 결과들이 "이 정도는 괜찮다"는 쪽으로 나를 몰아가고 있었다. 큐티를 하려고 성경을 펼쳤다. 그때 나는 〈매일성경〉으로 큐티를 하고 있었는데 그날의 본문이 요한계시록 7장이었다.

계 7:9,10 이 일 후에 내가 보니 각 나라와 족속과 백성과 방언에서 아무도 능히 셀 수 없는 큰 무리가 나와 흰옷을 입고 손에 종려 가지를 들고 보좌 앞과 어린 양 앞에 서서 큰 소리로 외쳐 이르되 구원하심이 보좌에 앉으신 우리 하나님과 어린 양에게 있도다 하니

질문이 하나 떠올랐다.

'왜 주의 백성은 흰옷을 입을까? 검은 옷도 있고 회색 옷도 있는데….'

그때 그림 하나가 떠올랐다. 흰색 와이셔츠에 잉크 한 방울이 똑 떨어지는 그림이었다. 검은 옷이나 회색 옷에는 잉크가 떨어져도 잘 안 보이지만 흰옷은 다르다. 작은 잉크 방울 하나도 흰옷에는 치명적이다.

하나님의 말씀이 이어졌다.

"나는 내 백성이 죄에 대해 이렇기를 원한다."

그날 일어난 일들은 어떤 것도 우연이 아니었다. 문제를 착각한 것도, 뇌가 멈추지 않았던 것도, 그리고 큐티 본문이 하필 요한계시록 7장이었던 것도! 어떤 것 하나 우연이 아니었다. 하나님의 섬세한 계획 속에 있던 일들이었다.

나는 바로 일어나서 차를 몰고 지도 교수를 찾아갔다. 지도 교수는 자기도 이메일을 받았다고 하며 내게 잘했다고 칭찬해주었다. 나는 쭈뼛거리며 내 이야기를 시작했다.

"그것이 사실은 착각입니다. 저도 착각을 하고 엘리아쉬버그 교수도 착각하신 겁니다. 문제는 전혀 해결된 것이 없습니다."

이실직고를 했다. 방을 나오는데 다 끝났다는 생각이 들었다. 해볼 수 있는 것은 다 해봤고, 인간의 이성으로는 도저히 이 문제를 해결할 가능성이 없어 보였다. 논문을 통째로 폐기하고 1,2년의 시간을 재투자해 새로운 논문을 쓰든지 아니면 한국으로 돌아가든지 선택해야 했다. 재정적 지원 없이 1,2년의 시간을 다시 투자한다는 것이 불가능해 보였기 때문에 6년 반의 유학생활을 접고 한국으로 돌아갈 각오를 하고 차로 돌아왔다.

하나님의 임재 안에 있는 것

운전을 해서 집으로 오는데 이상한 일이 벌어졌다. 그것은 내 안에 불안함이 사라진 것이었다! 문제가 해결되었다고 착각하기 전까지 끊임없이 나를 괴롭히던 불안함과 두려움이 아침 햇살에 안개가 걷히듯 사라져버렸다. 대신 하나님께서 지금 나와 함께 이 차 안에 계신다고 하는 새로운 임재가 느껴졌다. 보이지는 않지만 뭔가가 차를 가득 채우고 있었다.

'이게 뭐지?'

나는 곧바로 알 수 있었다. 그것은 하나님의 임재였다! 마치 차가 하나님의 임재로 터져버릴 것 같은 그런 느낌이었다. 그날 집으로 돌아오는 차 안에서 경험했던 하나님의 임재는 그전에도, 그리고 그 후에도 경험해보지 못한 특별한 임재였다. 하나님께서 내게 작은 소리로 속삭이고 계셨다. 그것은 아브라함에게 속삭이셨던 하나님의 음성이었다.

> 창 22:16,17 이르시되 여호와께서 이르시기를 내가 나를 가리켜 맹세하
> 노니 네가 이같이 행하여 네 아들 네 독자도 아끼지 아니하였은즉 내
> 가 네게 큰 복을 주고 네 씨가 크게 번성하여 하늘의 별과 같고 바닷가
> 의 모래와 같게 하리니 네 씨가 그 대적의 성문을 차지하리라

내 안에 기쁨이 임하기 시작하는데, 집에 오는 내내 울다가 웃다가 부흥회를 했다! 이때부터 놀랍게도 내 안에 평안이 임하기 시작했다. 상상할 수 없는 기쁨과 평안이 내 안에 가득했다. 주위 사람들은 기뻐하는 내 모습을 보고 문제가 잘 해결된 줄로 생각하고 축하해주었다.

"아니요, 문제가 최악으로 꼬였습니다. 아무래도 짐을 싸서 한국으로 돌아가야 할 것 같습니다!"

이 말이 유학생에게 무엇을 의미하는지 잘 아는 주위 동료들은 오히려 나보다 더 걱정을 해주었다. 그런데 나는 정말 특별하고도 이상한 시간을 보내고 있었다. 가장 불안하고 심란해야 할 상황에 인

생에서 가장 평안하고 큰 기쁨을 누리고 있었으니 말이다!

이 사건을 통해 나는 이 후에 내 인생에 엄청난 영향을 미치게 될 중요한 진리를 발견하게 되었다. 그것은 평강이 없는 것은 상황 때문이 아니라는 사실이다. 그때 내 상황은 최악이었다. 불안하고 두려운 것이 당연했다. 그런데 평강이 있었다. 평강이 없는 것은 상황에서 오는 것이 아니다. 그것은 하나님의 임재가 없음에서 온다. 불안 또는 두려움이란 "하나님이 없는 상태"를 지칭하는 단어다. 하나님이 나와 함께하시면 어떤 상황 속에서도, 어떤 환경 속에서도 평안할 수 있는 절대 평강이 있다! 그것은 무엇으로도 부술 수 없는 '절대 평강'이다.

이야기는 계속된다. 며칠 후에 꿈을 꾸었다. 꿈에서 나는 열심히 문제를 풀고 있었고 마침내 해결책을 찾았다. 잠을 깨고 보니 꿈이었다. 보통 이런 꿈들은 깨고 나면 꿈에서 해결했었다는 사실만 기억나지 구체적인 것들은 기억이 나지 않는다. 그런데 하나님이 주신 꿈은 달랐다. 꿈에서 문제를 어떻게 풀었는지 생생하게 기억이 났다. 그대로 따라해보니 그것이 정말 해답이었다! 이성으로는 불가능해 보일 것 같던 문제가 생각지도 못한 방법으로 풀린 것이다!

박사 논문 심사를 다시 받았고 통과했다. 지도 교수가 물었다.

"참 기가 막힌 방법으로 문제를 해결했는데, 그 복잡한 도형은 도대체 어떻게 생각해냈나?"

나는 간증을 했다. 사실은 꿈에서 하나님이 보여주셨다고 말이다. 지도 교수는 웃으며 논문에 사인해주었고 나는 학위를 취득하게 되었다.

거룩함의 비밀

거룩함에는 비밀이 있다. 거룩함을 지키는 것은 율법이 아니다. 거룩함을 지키는 이유는 정죄를 피하기 위한 율법적 의무감 때문이 아니다. 거룩함을 지켜야 하는 진짜 이유는 거룩함은 하나님의 임재로 들어가는, 하나님과의 친밀함으로 들어가는 열쇠이기 때문이다. 그리고 하나님의 임재는 하나님의 능력으로 들어가는 열쇠가 된다. 거룩함은 우리를 하나님의 임재로 그리고 하나님의 임재는 우리를 하나님의 능력으로 인도한다! 복음에는 능력이 있다. 그 능력은 단순히 우리에게 심리적 차원의 평안을 주는 데서 그치는 것이 아니라 우리 삶의 실제적인 문제를 돌파하는 능력이다.

하나님이 일하시지 못하는 것은 능력이 없어서가 아니라 거룩함이 없어서다. 오늘날 그리스도인들이 능력을 잃어버린 것처럼 보인다면 그것은 거룩함을 잃어버렸기 때문이 아닐까? 일은 하나님이 하시지만 하나님이 일하실 수 있는 환경을 만드는 것은 우리 책임이다. 생각해보라. 만약 어떤 단체가 김연아를 초청해서 그의 우아한 스케이팅을 보기 원한다면 거기에 걸맞은 환경을 조성해놓아야 한다. 잘 준비된 아이스링크도 있어야 하고 음향 시설도 갖춰져 있어야 한다. 물론 관중석도 있어야 하고 말이다. 그렇지 않다면 아무리 뛰어난 김연아라 해도 아무 공연도 할 수 없을 것이다.

우리가 아무리 하나님을 초청해도(기도해도) 하나님이 일하실 수 있는 환경이 조성되어 있지 않다면 하나님이 일하실 수 없는 것은 당연하다. 그리고 하나님이 일하실 수 있는 환경은 바로 우리 삶의 거룩함이다. 하나님은 거룩함을 잃어버린 곳에서는 일하실 수 없는 분이기 때문이다. 흰옷 입은 주의 백성이 되라. 그것이 하나님의 능력으로 들어가는 열쇠다.

하나님이 일하실 수 있는 환경을 만들고 싶어서 우리 교회에서는 정직하지 않은 헌금은 하지 못하게 한다.

"검은 돈은 헌금하지 마십시오."

내 안에 믿음이 있기 때문에 그렇다. 교회가 그것을 알던 모르던 검은 돈, 정직하지 않은 돈이 교회에 흘러 들어왔다면 하나님이 자유롭게 일하실 수 있으실까?

"검은 돈? 헌금하지 마십시오. 부당하게 번 돈? 헌금하지 마십시오. 세금 속인 돈? 헌금하지 마십시오."

그래서 우리 교회에서 사업하는 교인 분들은 고민을 많이 한다. 검은 돈, 하얀 돈만 있는 것이 아니라 태반이 회색 돈이라는 그 분들의 고충을 모르는 것은 아니다. 하지만 그렇다고 교회에서 하나님이 일하실 환경인 거룩함을 양보할 수는 없지 않은가?

행위를 통해 완전해진다는 행위 구원을 이야기하는 것이 아니다. 우리의 구원은 철저히 예수 그리스도의 은혜에 기초한다. 나의 거룩함이나 의로운 행위와는 무관하다. 그러나 구원받은 성도가 "어떤 하나님의 능력과 역사를 경험하며 살 것인가" 하는 것은 은혜의 구원과는 분명 다른 이야기다. 순종과 거룩함은 하나님의 능력이 우리 삶 속에서 역사하게 하는 통로임이 분명하다.

당신의 삶 속에 하나님의 능력을 담기 원하는가? 그렇다면 거룩함을 지켜라. 말씀의 무게를 회복하라. 말씀에 대한 단순한 지식을 넘어 그 말씀을 무겁게 대하는 삶의 태도 말이다. 이것이 당신의 데스티니를 이루어가는 열쇠다.

8 하나님께 들으라

데스티니를 알 수 있는 방법

사실 이번 장의 내용은 "5장 우리를 만드신 분을 만나라"에서 다루었어야 하는 내용이다. 그런데 몇 가지 이유로 의도적으로 뒤로 미뤘다. 하나님의 음성을 듣는다고 하는 것은 어떤 특정한 방법을 통한 기계적인 청음(聽音)이 아니다. 그것은 하나님과의 관계를 통한 청취다. 그렇기에 끊임없이 하나님께 순종하려 하고 끊임없이 하나님 앞에서 거룩함을 지키려고 하는 '태도의 싸움'이 동반되지 않고서는 하나님께 듣는 것이 가능하지 않다.

오히려 반대로 하나님께 듣는 훈련이나 지식이 전혀 없는 사람이라 할지라도 그의 삶 속에 하나님에 대한 경외함이 있다면, 그래서 하나님께 순종하고 그 말씀을 따라 살려는 태도가 있다면, 그 사람은 어떤 방식으로든 하나님의 말씀을 듣는다. 설령 그 사람이 그것을 "나는 하나님의 음성을 들었다"라고 표현하지 않는다 해도 그는 어떤 식으로든 하나님의 뜻을 안다. 이와 같은 태도의 기초 위에 이 장에서는 "하나님께로부터 듣는 것"에 대해 살펴보려고 한다.

"어떻게 나의 데스티니를 알 수 있나요?"

데스티니 설교를 하고 나면 자주 듣는 질문이다. 먼저 데스티니를 '알게 되는 것'과 그것을 '살게 되는 것'은 다르다는 사실을 인지하기 바란다. 나의 데스티니가 무엇인지 알게 된다 해도 선택과 헌신, 순종과 도전, 믿음과 인내, 다른 사람들에 대한 존중과 배려 등이 없다면 데스티니는 이루어지지 않는다.

사실 조금 과장해서 말한다면 나의 데스티니가 무엇인지 정확히 몰라도 우리의 삶 속에 하나님께 대한 믿음과 순종, 성경대로 살아가고자 하는 열정, 삶의 작은 것 하나까지도 하나님과 동행하고자 하는 겸손이 있다면 우리의 데스티니는 이루어진다. 나의 데스티니가 무엇인지를 정확히 아는 것보다 더 중요한 것은 이런 것들이다. 그럼에도 불구하고 사람들이 궁금해하는 것은 여전히 "나의 데스티니가 무엇일까?" 하는 것이다.

결론부터 이야기하면 나의 데스티니가 무엇인지 알기 원한다면 그것은 하나님께 듣는 방법 외에 없다는 것이다. 왜냐하면 나의 인생을 디자인하신 분이 하나님이시기 때문이다. 그분 외에 나의 데스티니가 무엇인지 정확히 아는 사람은 없다. 그렇기 때문에 데스티니를 알기 원한다면 하나님께 내 인생에 대한 계획을 들어야 한다.

하나님과의 친밀함

그렇다면 어떻게 하나님의 음성을 들을 수 있을까? 하나님의 음성을 듣는 핵심은 방법이 아니라 하나님과의 친밀함과 하나님 앞에서의 태도이다. 하나님의 음성을 듣는다고 하면 사람들은 그 방법에 쉽게 주목한다.

"누구는 금식을 했더니 하나님이 말씀하셨대."

나도 하나님의 음성을 듣고 싶어서 금식을 따라 한다.

"누구는 어느 기도원에 가서 철야 기도를 하다가 하나님의 음성을 들었대."

나도 그 기도원에 가서 철야 기도를 따라 한다.

그러나 단언컨대 이렇게 해서는 하나님의 음성을 들을 수 없다. 금식이나 철야 기도를 통해 하나님의 음성을 들었다는 그 사람들의 문제가 아니라 당신이 그것을 따라 한다고 똑같이 하나님의 음성을 듣게 되는 것은 아니라는 뜻이다. 하나님의 음성을 듣는 것은 방법이 아니기 때문이다. 그 사람은 그 방법을 통해 하나님의 음성을 들었을지 몰라도, 그것을 따라 하는 당신에게는 그 방법이 유효하지 않다. 하나님은 의도적으로 그렇게는 못 듣게 하신다. 왜냐하면 당신이 방법을 좇게 될까 봐 그렇다. 그래서 하나님은 사람마다 모두 다른 방법을 통해 말씀하신다. 심지어 발람에게는 나귀를 통해서 말씀하시지 않았는가!

본질적으로 하나님의 음성을 듣는다고 하는 것은 하나님 자신을 알아가는 것이지 특정한 기술이나 방법을 터득하는 것이 아니다. 아내와 결혼한 것이 1992년이니 내년이면 결혼 25주년이 된다. 퇴근하고 집에 들어가면 보통 아내는 부엌에서 식사 준비를 하고 있다. 그런데 신기한 것은 부엌일을 하고 있는 아내의 뒷모습만 봐도 대충 아내가 오늘 무슨 생각을 하고 있는지 읽힌다는 것이다. 눈빛만 봐도 알 수 있는 것을 넘어 뒤통수만 봐도 대충은 안다. 활기차게 집안을 휘젓고 다녀도 되는 날인지, 아니면 방에 들어가 조용히 꾸겨져 있는 것이 안전한 날인지, 말 한마디 나누지 않았지만 안다. 어떻게 이것이 가능할까? 비결은 단순하다. 나와 아내는 25년을 함께 살았다! 그렇다! 25년을 함께 살았다!

25년을 함께 살면서 형성된 둘만의 친밀함이 있다. 다른 사람들은 알 수도 없고, 낄 수도 없는 두 사람만의 깊은 친밀함이 있다. 25년이라는 시간이 가져다준 친밀함이다. 이 친밀함은 아내의 작은 행동이나 특정한 버릇까지 무의식적으로 인지하게 한다. 그런데 이 무의식적인 인지가 직관적으로 아내의 생각이나 감정까지 알게 해준다. 예를 들면 아내는 마음에 뭔가 언짢은 일이 있으면 야채를 써는 칼질에 힘이 들어가면서 왼쪽 어깨가 약간 올라간다. 함께하는 오랜 시간을 통해 인지하게 된 이런 미묘한 행동의 의미들이 아내의 마음을 내게 전달하는 것이다.

그렇다. 아내의 마음을 읽는 것은 친밀함을 통해서다! 물론 내가 집에 들어갈 때마다 아내의 어깨 각도를 재는 것은 아니다. 이것은 거의 무의식적으로 전달되는 직관적인 지식이다. 이런 것들이 한마디 말없이도 아내의 생각을 알 수 있는 비결이다. 하나님의 음성을 어떻게 듣느냐고? 친밀함을 통해서 듣는다. 하나님과 함께한 시간이 한 달, 두 달, 일 년, 이 년 쌓여가면서 그냥 하나님의 마음을 알게 되어간다. "아, 이건 하나님이 기뻐하시는 일이 아니구나!", "아, 지금 하나님이 기뻐하시는구나!" 그냥 아는 것이다. 이것은 아내의 마음을 아는 것과 같이 친밀함에서 오는 직관적 지식이다.

기도와 말씀 묵상의 본질이 바로 여기에 있다. 기도와 말씀 묵상은 지식의 축적이 아니라 하나님과의 교제다. 기도는 하나님과의 대화이며 말씀 묵상은 살아 계신 하나님의 음성이다. 이런 하나님과의 살아 있는 교제를 통해 친밀함이 형성된다. 친밀함은 연구해서 만들어지는 것이 아니다. 그것은 교제를 통해 만들어진다. 내가 아내를 아는 것은 아내에 대해 연구해서가 아니라 아내와 25년간 교제했기 때문이다.

히브리적 지식과 헬라적 지식

"안다"에 해당하는 히브리어는 '야다'이다. 히브리어 '야다'는 정보를 아는 것을 의미하는 것이 아니라 남편이 아내를 알듯이 아는 인격적인 앎을 의미한다. 헬라적 지식이 연구를 통해 정보를 알게 되는 비인격적 지식이라면, 히브리적 지식은 함께하는 시간과 교제를 통해 얻게 되는 관계적 지식이다. 헬라적 지식의 추구가 자연과학과 인문과학을 낳았다면, 히브리적 지식의 추구는 하나님과 인간에 대한 이해를 낳는다. 헬라적 지식이 이론을 만들어낸다면, 히브리적 지식은 스토리를 만들어낸다. 그래서 하나님에 대해 헬라적으로 접근할 때 그것은 신학을 낳고, 히브리적으로 접근할 때 그것은 하나님에 대한 이야기인 성경을 낳는다. 하나님을 아는 것은 헬라적 지식이 아니라 히브리적 지식이다. 하나님을 연구하여 그분의 음성을 기계적으로 파악하는 것이 아니라 함께하는 시간을 통해 형성된 친밀함을 통해 알게 되는 '야다'의 지식이다.

그렇기 때문에 하나님을 아는 지식에는 '함께하는 시간'이 중요하다. 친밀함은 함께하는 시간을 통해서 주어지기 때문이다. 그런 의미에서 하나님과의 교제인 기도와 말씀 묵상은 양이 중요하다. 얼마나 오래 기도와 말씀 묵상의 자리에 머무느냐가 중요하다는 것이다. 시간을 대체할 수 있는 것은 아무것도 없다. 시간이 친밀감을 낳는다. 하루 1시간 하나님 앞에 머무는 사람은 1시간 머무는 만큼 하나님을 알고, 2시간 하나님 앞에 머무는 사람은 2시간 머무는 만큼 하나님을 알고, 3시간 하나님 앞에 머무는 사람은 3시간 머무는 만큼 하나님을 안다. 당신은 기도와 말씀 묵상을 위해 따로 시간을 떼고 있는가?

학문적인 지식은 연구나 공부를 통해 얻어지지만 관계적 지식은 함께하는 시간을 통해서만 얻을 수 있다. 어떤 사람을 알려면 그 사람과 함께 살아봐야 하는 건 당연하지 않은가? 기도와 말씀 묵상의 시간을 따로 떼라. 물론 하나님은 언제나 우리와 함께하신다. 그러나 문제는 우리다. 우리는 대부분의 시간을 하나님을 의식하지 않고 산다. 그래서 하나님 한 분께만 신경을 쓰고 온통 집중하는 기도와 말씀 묵상의 시간을 따로 떼어야 한다. 하나님을 아는 지식은 많은 경우 이 시간에 주어진다.

하나님의 음성을 듣는 귀

항상 무시로 기도한다고? 물론 항상 무시로 기도하는 것은 중요하다. 그래서 시간을 따로 떼라는 것이다. 이 시간을 통해 우리는 하루 종일 무시로 하나님과 동행할 수 있는 힘을 얻게 되니까 말이다. 하나님 앞에 따로 시간을 떼지 않는 사람이 하루 종일 무시로 하나님과 교제하며 살 수 있다고 믿는다면 그것은 자기기만이다.

예수님도 시간을 따로 떼셨다.

따로 시간을 떼라. 기도하다가 조는 한이 있어도 그 시간을 지켜라. 졸아도 의미가 있다. 내가 아내와 함께 보낸 25년 동안 항상 의미 있게 시간을 보낸 것은 아니다. 어떤 때는 싸우기도 하고 어떤 때는 쓸데없이 시간을 낭비하며 보내기도 했다. 그렇지만 이 과정을 통해 서로 알게 되고 친밀해진 것이 아닌가?

기도도 그렇다. 우리의 기도가 항상 잘 정리되어 있고 일목요연하게 중보 리스트를 따라 해야 하는 것은 아니다. 기도는 하나님과 함께 머무는 시간이다. 너무 피곤한 날은 기도하려고 엎드렸다가 그대로 잠이 들기도 한다. "에이, 망했다! 기도도 못하고 잠만 자고 말았네…" 그런데 생각해보니 과연 이게 정말 망한 것일까? 친구 집에 가서 하루 자고 오면 그 친구와 얼마나 더 친해지는지 생각해보라. 자면서 말을 한 것도 아니고, 자면서 함께 오락을 한 것도 아닌데 같이 자고 왔다는 사실만으로 친밀함은 말할 수 없이 증폭된다.

그렇다면 기도하다가 잠든 것은? 하나님 앞에서 잔 것 아닌가! 단언컨대 친밀감의 측면에서는 망한 것이 아니다! 나는 확신한다. 같은 잠을 자도 집에서 이불 펴고 자는 것과 하나님 앞에 나와 기도하다가 잠든 것은 다르다고 말이다! 자더라도 하나님 앞에서 잠들라! 하나님 앞에서 시간을 지키겠다는 이 간절함이 사실은 하나님과의 친밀함을 형성하는 열쇠다.

1년, 5년, 10년, 하나님과 함께하는 시간을 보내면서 하나님을 향한 내 귀도 조금씩 더 열려간다. 이전에 전혀 모르던 하나님의 마음을 어느 순간 알고 있고, 이전에 전혀 감지할 수 없었던 하나님의 생각을 이전보다 더 예민하게 감지한다. 기도할 때마다 하나님께서 들리는 목소리로 "성준아" 이렇게 응답하신다는 의미가 아니다. 기도와 말씀 묵상의 자리에 나아가 하나님의 마음을 구할 때, 대부분의 경우 초자연적인 음성은 없다. 어떤 분들은 기도하면서 환상도 보고 그런다는데 나는 눈을 감으면 까만색 말고는 본 적이 없다. 물론 인생에 터닝 포인트가 되는 아주 특별하고 중요한 순간에 하나님께서 특별하게 말씀하신 것을 경험한 적은 있다. 내 인생에 그런 경험은 딱 세 번 있었다. 그때는 하나님께서 그렇게 특별한 방법으로 말씀하지 않으셨다면 내가 절대로 못 알아들었을 것이기에 그러셨던 것 같다. 말더듬이가 목사가 되어야 하는 경우처럼 말이다.

초자연적인 음성도 없고 보이는 것이 없어도 하나님의 음성을 듣는 귀는 시간이 지나면서 더 예민해진다. '아! 이 일은 하나님이 기뻐하시는 일이구나!', 어떻게 아느냐고? 글쎄 설명은 하지 못하겠다. 그냥 안다. '아, 이건 하나님이 하지 말라고 하시는구나…', 어떻게 아느냐고? 설명은 못하겠다. 그냥 안다. 하나님과 함께한 시간이 30년인데! 25년을 함께 산 집사람의 뒤통수를 읽듯이 30년을 함께 동행한 하나님의 마음을 이해하는 것은 당연한 일 아닐까?

데스티니를 알고 싶은가? 그것은 하나님께 속한 영역이다. 하나님께 들어야 한다. 그리고 하나님과의 친밀한 관계가 하나님을 향한 당신의 귀를 열어줄 것이다.

태도가 중요하다

또한 하나님의 음성을 듣는 기도와 말씀 묵상에서 중요한 것은 태도다. 하나님의 말씀에 순종하겠다는 태도 말이다. 내 기도 중 가장 많은 기도는 "하나님, 제가 무엇을 하기 원하십니까? 알려주십시오. 그대로 따르겠습니다"라는 기도다. 이 기도가 내 기도 시간의 절반 가까이를 차지한다. "제가 무엇을 하기 원하십니까?"라는 기도에 하나님께서 바로바로 초연자연적인 목소리로 응답하여주신다면 얼마나 좋겠는가마는 그렇지는 않다. 대부분의 경우 하나님은 잠잠하시다. 적어도 나는 그렇다.

그럼에도 불구하고 이 기도가 능력이 있는 것은 나로 하여금 끊임없이 하나님을 의식하도록 만들기 때문이다. 이 기도를 하면 할수록 생기는 거룩한 부작용(?)이 있다. 그것은 무엇을 하든지 간에 '이거 하나님이 원하시는 거 맞아?'라고 무의식적으로 묻게 되는 것이다. 다시 말해 삶의 작은 선택 하나에도 하나님을 의식하게 된다.

"하나님, 제가 무엇을 하기 원하십니까?"라는 기도는 초자연적인 응답을 가져오는 것은 아니지만 그보다 더 중요한 선물을 준다. 그 것은 바로 하나님을 의식하는 태도다. 삶의 작은 선택 하나에도 하나님을 의식하게 되는 태도 말이다. 하나님의 음성 듣기에 방법보다 더 중요한 것이 바로 이 태도다. "하나님, 말씀만 하십시오. 제가 따르겠습니다"라는 태도. 행여 하나님의 뜻에 어긋날까 봐 조심하는 태도. 이 태도가 있는 사람에게 하나님은 말씀하신다. 방법은 중요하지 않다. 필요하다면 나귀를 통해서라도 말씀하실 테니까. 나귀가 없다면 어느 날 당신이 키우는 애완견이 하나님의 말씀을 대언할지 누가 알겠는가?

당신의 데스티니를 창조주로부터 듣기 원한다면 하나님 경외하기를 배우라. 그분은 말씀하시는 하나님이시며 우리에게 당신의 마음을 알려주기 원하시는 하나님이시다.

당신의 귀가 하나님을 향해 열리기를 축복한다. 잠깐! 서둘지는 말라. 시간이 걸리는 일이다. 하나님 앞에 머무는 시간 말이다. 그것은 추상적인 일이 아니다. 기도와 말씀 묵상의 자리에 나가는 것이다. 이것을 오늘 시작하라. 하나님의 말씀을 듣고 순종하기를 갈망한다면, 1년 뒤 당신은 하나님의 말씀을 듣고 있는 당신의 귀에 놀라게 될 것이다.

데스티니의 놀라운 여정은 여기서부터 시작된다.

9 하나님을 제한하지 말라

초월적 조우

하나님께서 우리에게 특별하게 말씀하시는 순간들도 있다. 모세가 떨기나무에서 하나님을 조우하듯, 기드온이 포도주 틀에서 하나님을 조우하듯 그렇게 특별하게 하나님과 맞닥뜨리는 순간 말이다. 매일매일 이렇게 생생한 하나님을 만날 수 있다면야 얼마나 좋겠느냐마는, 적어도 내 경험에 의하면 그렇지는 않다. 그러나 필요하다면 하나님께서 우리의 생각과 이성을 뛰어넘는 방법으로 말씀하실수 있다. 적어도 이 가능성은 열어두는 것이 전능하신 하나님을 경외하는 올바른 태도가 아닐까?

2005년에서 2006년으로 넘어가는 겨울이었다. 영적인 갈급함으로 교회에 한 달의 안식월을 신청하고 미국의 한 도시에서 기도하고 있었다. 하루는 저녁에 기도를 시작하는데 하나님께서 말씀하시기 시작하셨다. 귀로 들리는 음성은 아니었는데 귀로 듣는 것보다 더 강렬하고 선명한 말씀이었다. 초저녁에 시작된 하나님의 말씀은 새벽까지 계속되었고 이 특별한 하나님과의 조우는 이후에 내 사역의 방향을 새롭게 결정하는 계기가 되었다.

그날 밤 하셨던 말씀 중 하나는 이슬람 사역에 대한 것이었는데, 비록 우리 교회는 한국에 있지만 우리 교회에게 주신 데스티니는 무슬림들에게 복음을 전하고 그들을 섬기는 것이라는 말씀이었다. 마치 중동 땅 한가운데서 살아 계신 하나님을 증언했던 다니엘처럼, 하나님은 중동이 내게 주신 유업이라고 말씀하셨다. 그리고 그런 의미에서 내게 '다니엘'이라는 새 이름을 주셨다. 하나님이 나를 다니엘이라 부르시는 신기한 경험을 한 것이다!

이런 특별한 체험에 익숙하지 못한 나는 몹시 혼란스러웠다. 목회를 시작할 때 들었던 하나님의 음성 이후 5년 만에 처음 경험하는 일이었으니까 말이다.

"하나님, 이런 경험이 익숙하지 않아 혼란스럽습니다. 죄송하지만 확증을 구합니다. 며칠 뒤 미국에 사시는 말레이시아 목사님 한 분과 점심 약속이 있는데, 그 분을 통해서 저를 다니엘이라고 불러주시면 그것을 확증으로 삼겠습니다."

물론 그 목사님은 나를 '성준'으로 알고 계신 분이었고 그 만남이 첫 만남이었다. 며칠 뒤 목사님을 만나 식사를 하고 많은 이야기를 나누었다. 교제를 마치고 함께 손을 잡고 기도하기 시작했다. 그런데 놀랍게도 목사님의 첫 마디는 "Lord, he is your Daniel(주님, 이 사람은 당신의 다니엘입니다)"라는 것이었다. 나는 머릿속이 하얗게 변하면서 아무 생각도 할 수 없었다.

'하나님이 내 기도를 듣고 계셨구나! 하나님이 말씀하셨어!'

기도는 계속되었다.

"Even though his church is in Korea, his inheritance is muslim(비록 그의 교회는 한국에 있지만, 그의 유업은 무슬림들입니다)."

목사님의 기도는 며칠 전 내가 들었던 말씀을 그대로 되풀이하고 있었다. 하나님은 때로 초자연적인 방법으로도 말씀하신다. 모세의 떨기나무처럼, 엘리야의 세미한 소리처럼, 바울의 다메섹 도상처럼, 또 발람의 나귀처럼. 하나님에게는 제한이 없다. 하나님은 당신이 창조하신 그 무엇이라도 사용하실 권한이 있다. 하나님이 말씀하시는 방법을 제한하지 말았으면 좋겠다. 그것이 하나님을 경외하는 올바른 태도일 것이다.

초월적인 하나님과의 조우는 언제 주어지는가? 그것은 모른다. 전적으로 하나님의 소관이다. 단지 우리가 할 수 있고 또 해야 할 일은 기도와 말씀 묵상의 시간을 소중히 여기며, 그분을 경외하는 태도로 하루하루 사는 것이다. 솔직히 하나님과의 친밀함이 초월적인 조우를 가져오는 것인지, 아니면 초월적인 조우가 하나님과 친밀해지고자 하는 갈망을 일으키는 것인지, 무엇이 먼저이고 무엇이 결과인지 나도 잘 모르겠다. 확신하는 것은 친밀함과 초월적인 조우는 분명히 연관성이 있다는 것이다. 그렇다면 하나님의 소관은 하나님께 맡기고 우리는 우리가 할 수 있는 일을 하자! 주께서 축복하실 것이다.

이슬람의 정체성

10년이 지난 지금 다니엘이라 부르셨던 이름대로, 다니엘과 같은 세대를 키우기 위한 대안학교 '다니엘 아카데미'가 시작되었고, 선교사들을 훈련시키기 위한 선교 훈련인 '다니엘 훈련 학교'도 시작되었다. 그리고 무엇보다 하나님께서 말씀하셨던 대로 이슬람 사역은 우리 교회의 가장 중요한 사역이 되었다! 보안상의 이유로 선교에 대해 자세한 것을 나눌 수는 없지만 난민들에 대한 이야기는 여기서 잠깐 나누고 싶다.

무슬림에게 복음을 전해본 적이 있는가? 나는 몇 번 경험이 있다. 내 경험에 의하면 무슬림에게 복음을 전하는 것보다 차라리 돌멩이에게 복음을 전하는 것이 더 쉽다. 이 사람들은 마치 예수를 안 믿기 위해 태어난 사람들 같아 보였다. 이유가 있다. 7세기 무함마드가 이슬람을 창시할 때 그는 새로운 종교를 창시한다고 생각하지 않았다. 무역을 하던 무함마드는 기독교를 접할 기회가 많았으며 자신을 기독교의 새로운 한 분파라고 생각했다.

622년, 세력을 확장한 무함마드는 메카에서 메디나로 근거지를 옮기게 되는데, 이 사건을 '헤지라'라고 하며 이 해를 이슬람 원년으로 삼는다. 두 가지 이유로 헤지라가 중요한데, 첫째는 메디나로 옮기며 움마 공동체가 형성된 것이고, 둘째는 이 사건을 기점으로 이슬람의 정체성이 바뀌는 것이다. 기독교의 한 지류가 아닌 전혀 새로운 종교로 말이다.

이후 1천4백 년 동안 이슬람은 "왜 기독교가 틀렸고 자신들이 옳은지를" 스스로에게 증명하며 정체성을 키워왔다. 기독교의 한 지류에서 새로운 종교로 넘어가기 위해서는 당연한 절차였다. 이 과정 속에 필요하다면 역사까지 왜곡시켰다. 그리고 오히려 반대로 서구 기독교 진영에서 역사를 왜곡했다고 가르치며 믿고 있다. 그렇기 때문에 무슬림들은 기독교인과 대화할 때 자신들의 문화와 교육을 통해 전수된, 1천4백 년 동안 스스로 정당화하기 위한 노력이 자연스럽게 발동된다.

생각해보라. 상대는 우리를 1천4백 년을 연구하고 또 연구했는데, 우리는 그동안 상대방의 존재조차 별로 인식하고 있지 않았다면, 말로 그들을 설득시키는 것이 가능하겠는가? 그것이 돌멩이에게 복음을 전하는 것이 오히려 쉽게 느껴지는 이유다.

또한 움마 공동체를 이해하는 것 역시 중요한데, 이슬람은 엄밀

한 의미에서 종교가 아니다. 무함마드가 선포했던 것은 이슬람이라는 범용 종교가 아니라 이슬람 국가에 대한 신념이었다. 이슬람은 어느 사회, 어느 나라에나 포교가 가능하고 적용 가능한 그런 종교가 아니다. 한 나라가 샤리아 법이 적용되는 이슬람 국가가 되지 않는 한 그 안에 이슬람이라는 종교가 다른 종교들과 평화롭게 공존하는 것은 애당초 불가능하다. 이슬람은 국가 시스템이며 사회 시스템이다.

사실 코란이 주장하는 이슬람을 정말 액면 그대로 적용한다면 IS야말로 가장 코란에 가까운 진짜 이슬람이다. 움마 공동체의 성격을 이해하려면 '명예 살인' 같은 현상들을 보라. 이들에게는 개인보다는 공동체가 훨씬 더 중요한 가치를 가진다. 서구는 이해하기 어려운 문화겠지만 말이다. 그 결과 무슬림 개인이 개종을 한다는 것은 불가능에 가까운 일이다. 본인은 마음이 있어도 공동체가 그것을 허락하지 않는다. 가족이 허락하지 않고 친족이 허락하지 않는다. 가족과 친족을 무시하고 개종을 강행한다면 추방이나 죽음이 기다리고 있다. 이런 이유로 이슬람이 등장한 이래 1천4백 년 동안 무슬림이 복음으로 돌아오는 일은 거의 일어나지 않았다. 선교적 관점에서 이슬람은 난공불락의 견고한 진(陣)이었다.

복음에 반응하는 난민들

앞서 나눴듯이, 이슬람에 대한 데스티니가 있는 우리 교회는 중동의 몇몇 국가에 선교사들을 파송했다. 그중 하나가 시리아였는데 열매는 거의 없었다. 아무리 복음을 전해도 전혀 움직일 기미가 보이지 않았다. 그러던 중 시리아 내전이 일어나고 우리 선교사들은 난민 행렬에 섞여 시리아를 빠져나오게 되었다. 그때만 해도 이것이 무슨 사건인지 잘 몰랐다.

난민들과 섞여 근처 국가에 정착하게 된 선교사들은 자연스럽게 시리아 난민들과 가깝게 지냈다. 곧 다시 시리아로 돌아갈 것이라는 기대는 내전이 장기화되면서 내려놓아야 했다. 그런데 신기한 일이 벌어지기 시작했다. 시리아 사람들이 복음에 반응을 보이기 시작한 것이다! 시리아에서는 전혀 미동도 없던 사람들이 남의 나라에서 난민이 된 이후에 복음에 반응하기 시작한 것이다.

이유는 두 가지였다. 첫째, 움마 공동체가 붕괴된 것이다. 고향을 떠난 이들에게는 더 이상 가족의 압력도 친족의 위협도 없다. 그냥 개인이 선택하고 싶은 대로 선택할 기회가 주어진 것이다! 둘째, 난민이 된 고통과 불안이 복음에 대한 수용성을 높였다. 이 두 가지 이유로 매주 난민들이 예수를 영접하는 일들이 한동안 지속되었다.

우리 선교사들뿐 아니라 난민 사역을 하는 곳은 어디나 마찬가지였다. 이것은 부흥이었다! 단언컨대, 1천4백 년 이슬람 역사 속에 이와 같은 일은 없었다. 1천4백 년 만에 찾아온 기회인 것이다! 성경 말씀 그대로 정말 "추수할 것은 많되 일꾼이 적은" 것이 아쉬울 따름이다.

복음을 전하지 않으면 내게 화로다

난민들을 주목하고 섬겨야만 하는 중요한 이유들이 있다. 이것이 1천4백 년 만에 찾아온 유래 없는 기회라는 것이다. 하나님이 문을 여셨다. 지금 이들에게 복음을 전하지 않는다면 문은 곧 다시 닫힐 것이다. 난민들이 정착한 곳에서 게토화가 시작되면 이들은 다시 폐쇄적인 공동체를 형성할 것이고, 그때는 복음의 문이 다시 닫힐 것이다. 둘째, 성경은 고아와 과부를 돌보라고 했다. 난민들이야말로 이 시대의 고아와 과부들이 아닌가? 이들을 먹이고 돌보는 것은 성경의 명령이고 교회의 책임이다.

아프가니스탄의 탈레반이 어떻게 형성되었는지 아는가? 러시아가 아프가니스탄을 침공했을 때 아프가니스탄의 이슬람 전사들은 고아를 버려두지 않고 업고 다녔다. 그리고 그들의 손에 길러진 이 전쟁고아들이 훗날 탈레반 세력으로 등장한 것이다. 10여 년 전, 이라크에 전쟁고아가 3백만 명이나 있다는 소식을 들었다. 교회가 이들을 돌보지 않으면 근본주의 무슬림들의 손에 키워진 고아들이 10년 뒤 전 세계를 혼란 속에 몰아넣을 것이라고 했다. 정확히 10년 후 이라크 북부에서 IS가 시작된 것은 결코 우연이 아니다.

그렇다면 현재는 어떨까? 유엔난민기구 통계에 의하면 2015년 말 기준 난민과 난민신청 대기자 그리고 자국 영토 내에서 피신 중인 국내 실향민을 합친 강제 이주민의 숫자는 6,530만 명에 달하고 있다. 그리고 정확한 통계조차 잡히지 않지만, 이라크에는 여전히 3백만 명 이상의 고아들이 있다고 보고되고 있다. 이들 중 태반이 아이들이다. 교회가 이들을 무시하고 넘어간다면 과연 10년 뒤 우리는 어떤 세상을 보게 될까? 두렵다. 바울의 음성이 소름 끼치게 들리지 않는가?

> 고전 9:16 만일 복음을 전하지 아니하면 내게 화가 있을 것이로다

10년 전 이라크의 고아들은 접근할 수 없는 곳이어서 어쩔 수 없었다 해도 지금 난민들은 어떻게 할 것인가? 유럽과 터키와 요르단과 레바논에 퍼져 있는 난민들은 얼마든지 만날 수 있고 도울 수 있다. 만약 교회가 이들을 돕지 않고 모른 체한다면 10년 뒤 우리는 감당할 수 없는 대가를 치러야 할지 모른다.

3 데스티니
DEST↑NY
모델링

FAMILY ROOM
REAR ELEVATION
R. 10CR EXIST

FAMILY ROOM

C1

C.I.B.

7'-0"

EXIST. JOIST

EXIST. BRICK WALL
TO BE DEMOLISHED

BM 4

360 @ 16" O.L.

3/4" SUBFLOOR

EXIST. 8" BRICK
WALL ABOVE

BM 2

9'-5"

KNEE WA
2x4 EXIST
TO BE SUPPORT

8" POUR
4"

3'-4" MIN.

EQ.

EQ.

EXIST. JOIST

EXIST. 8" MASONRY O
WALL O

PROVIDE
VENTIL

EXIST. JOIST

10 요셉 ; 믿음, 인내 그리고 총리 본능

인내가 데스티니를 이룬다

성경의 인물들은 어떻게 데스티니를 이루어갔을까? 성경에 기록된 인생들은 분명 우리의 모델이 된다. 따라야 할 모델이거나 또는 반면교사가 되든지 말이다. 이제 성경 인물들을 통해 우리가 걸어가야 할 데스티니의 여정을 모델링해보자. 분명 유익이 있을 것이다.

> 롬 5:3,4 다만 이뿐 아니라 우리가 환난 중에도 즐거워하나니 이는 환난
> 은 인내를, 인내는 연단을, 연단은 소망을 이루는 줄 앎이로다

데스티니를 이루어가는 데 있어서 '인내'는 중요한 역할을 한다. 내가 이해하기로 '인내'와 '믿음'은 같은 말이다. 인내를 가능하게 하

는 것은 하나님에 대한 믿음이며 하나님에 대한 참된 믿음이 있다면 어떤 상황 속에서도 인내하며 견딘다. 로마서 5장 3,4절 말씀은 데스티니를 이해하는 데 중요한 구절이다.

먼저 단어들을 살펴보자.

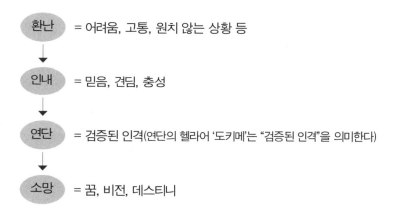

환난 = 어려움, 고통, 원치 않는 상황 등

인내 = 믿음, 견딤, 충성

연단 = 검증된 인격(연단의 헬라어 '도키메'는 "검증된 인격"을 의미한다)

소망 = 꿈, 비전, 데스티니

어떻게 우리가 소망하는 데스티니를 이루는가? 성경이 대답한다. 환난을 인내하라고! 환난을 인내하며 통과할 때 그것이 연단을 이룬다. 연단은 "검증된 인격"을 의미한다. 인내가 인격을 만들고 이 인격이 결국 소망, 곧 데스티니를 이루게 한다.

성경에서 이것을 보여주는 대표적인 인물은 요셉이다. 요셉의 인생을 따라가보자.

하나님은 꿈을 주신다

요셉은 야곱이 사랑하는 아내 라헬을 통해 낳은 매우 총애하는 아들이었다. 야곱은 다른 아들들보다 요셉을 더욱 사랑했다. 어느 날 요셉이 꿈을 꾼다. 형들의 곡식 단이 자신의 곡식 단에게 절하는 꿈이었다. 또 꿈을 꾸는데 이번에는 해와 달과 열한 별이 자신에게 절하는 꿈이었다. 꿈의 내용은 해석하지 않아도 명백했다. 하나님 께서 요셉을 높이시겠다는 것이다. 그리고 우리가 알듯이 하나님은 정말로 그렇게 하셨다. 이 꿈들은 요셉의 데스티니를 보여주는 꿈이 었다.

하나님은 꿈을 주신다. 많은 경우 데스티니는 하나님이 주시는 꿈과 연결되어 있다. 하나님은 우리를 향해 가지고 계신 당신의 계획들을 힐끗힐끗 보여주신다. 마치 아들을 의사로 만들고 싶은 부모가 장난감 청진기와 의사 놀이 기구들을 사주고는 아이에게 "와! 정말 잘 어울린다!"라고 하듯이 하나님께서도 우리의 데스티니를 얼핏 보여주심으로 우리에게 꿈을 꾸게 하신다. 이것을 다른 말로 비전이라고도 하고 소망(소원)이라고도 한다. 하나님은 비전을 주시고 소원을 주시는 분이다.

> 빌 2:13 너희 안에서 행하시는 이는 하나님이시니 자기의 기쁘신 뜻을
> 위하여 너희로 소원을 두고 행하게 하시나니

하나님은 우리에게 비전과 소원을 주셔서 그 꿈을 향해 우리 가슴을 뛰게 하신다. 이것이 하나님께서 우리의 데스티니를 이루어가시는 방법이다. 물론 가슴이 뛴다고 해서 모두 하나님이 주신 꿈은 아니다. 그것은 분별이 필요하다. 그러나 하나님께서 주시는 꿈은 반드시 우리의 가슴을 설레게 한다. 소원을 두고 행하게 하시는 분이기에 그렇다.

당신을 가슴 뛰게 하는 것은 무엇인가? "내 평생에 이것만 이룰 수 있다면 나는 죽어도 행복해!" 이런 꿈을 꾼 적이 있는가? 요셉의 이야기는 이 꿈에 대한 이야기다. 요셉의 꿈, 그의 데스티니가 이루어지는 이야기로 들어가보자.

우연은 없다

하나님이 주신 꿈을 이루어가기 위해서 요셉에게는 첫째, 믿음이 필요했다. 믿음이란 하나님께서 내 인생을 완벽하게 돌보신다는 하나님에 대한 신뢰이다. 하나님 안에 우연이 없다는 믿음. 하나님이 내 인생을 실수 없이 이끌고 계신다는 믿음. 요셉이 데스티니를 이루어가기 위해서는 이 믿음이 필요했다.

세상 기준으로 보면 요셉의 인생은 기구한, 참 굴곡이 많은 인생이었다. 요셉이 17세 되던 해, 믿을 수 없는 일이 벌어진다. 정신을 차리고 보니 하루아침에 애굽의 노예가 되어 있었다. 말이 좋아 노예지 당시 노예는 사람이 아니었다. 이런 황당한 데스티니가 있을까?

살면서 하나님을 원망하게 될 때가 있다.

"하나님, 왜 나만 이렇게 태어나게 하셨어요?"

"왜 나만 걷지 못하게 태어났나요?"

"왜 나만 키가 작아요?"

"왜 나만 맘에 안 드는 부모님 밑에서 태어났어요?"

"왜 나만 그때 그 사건을 겪게 하셨어요?"

"왜 나만⋯ 왜 나만⋯", 그런데 이것이 정말 우연이고 나만 재수가 없는 것일까? 만약 요셉이 애굽의 노예가 되지 않았다면 그의 데스티니는 어떻게 되었을까? 그는 애굽에 살았을 리 없고 애굽에 살지 않았다면 애굽의 총리가 됐을 리는 더욱 없다. 요셉이 애굽의 총리가 되지 않았다면 요셉과 그의 가족들은 극심한 기근의 때에 죽든지 아니면 애굽의 영원한 노예가 되었을 것이다. 이 그림이 보이는가? 요셉이 혼자 잠깐 노예로 있는 것과 모든 가족이 영원히 노예로 있는 것! 당신이라면 어느 쪽을 택하겠는가?

많은 사람들이 '왜 나만'으로 자신의 데스티니를 잃어버린다.

"나는 이런 가정에서 태어났으니 가망이 없어."

"나는 머리가 나쁘기 때문에 안 돼."

낙심하고 좌절한다. 해보지도 않고 포기한다. 그리고 그것이 자신의 데스티니라고 믿어버린다. 생각해보라. 요셉이 이 소망 없는 노예의 삶 앞에 좌절하거나 포기했다면 그의 데스티니는 정말 거기서 끝나버렸을 것이다. 그러나 그에게는 믿음이 있었다. 어떤 믿음? 하나님이 나의 삶을 이끌고 계시다는 믿음! 하나님의 계획에는 우연이나 실수가 없으시다는 믿음! 나 스스로 포기하지만 않는다면 그분은 나의 인생을 그분이 계획하신 곳까지 끌고 가실 것이라는 믿음! 이 믿음이 요셉의 데스티니를 이루었다.

하나님 안에 우연은 없다. 절대로 없다. 하나님은 우리의 앉고 서는 것, 태어나고 죽는 것, 웃고 우는 것, 이 모든 것을 아시고 이끄시는 분이다. 당신이 태어난 환경, 불우한 사건들, 정말 우연일까? 재수가 없던 것일까? 아니다. 그것은 우연이 아니다. 재수가 없는 것은 더더욱 아니다. 그것은 '애굽의 총리 요셉'을 만들기 위한 하나님의 섬세한 손길이다. 데스티니를 위해 필요한 것은 바로 이 믿음이다. 하나님 안에 우연은 없다. 그분은 내 인생을 과거에도 지금도, 그리고 앞으로도 영원히 붙잡고 계신다.

총리 본능

둘째, 요셉은 어디에 있든지 그의 영적 DNA, 데스티니가 발현되었다. 요셉의 인생을 보면 재미있는 현상을 발견하게 되는데, 그것은 그가 어디에 가든지 그곳에서 총리, 즉 주인에게 전권을 위임받아

전체를 다스리는 사람이 된다는 것이다. 아버지 야곱의 집에 있을 때도 요셉은 총리였다.

> 창 37:14 이스라엘이 그에게 이르되 가서 네 형들과 양 떼가 다 잘 있는지를 보고 돌아와 내게 말하라 하고 그를 헤브론 골짜기에서 보내니 그가 세겜으로 가니라

이게 총리 아닌가. 아버지의 전권을 위임받아 아버지를 대신하여 형들이 양치는 곳을 돌아보고 다녔으니 말이다. 그런데 요셉의 이 '총리질'은 노예로 팔려가서도 멈추지 않는다. 보디발의 집에 노예로 팔려가서도 시간이 흐르자 요셉은 어느덧 주인의 신뢰를 얻어 그 집의 가정 총리가 된다.

> 창 39:4 요셉이 그의 주인에게 은혜를 입어 섬기매 그가 요셉을 가정 총무로 삼고 자기의 소유를 다 그의 손에 위탁하니

> 창 39:6 주인이 그의 소유를 다 요셉의 손에 위탁하고 자기가 먹는 음식 외에는 간섭하지 아니하였더라 요셉은 용모가 빼어나고 아름다웠더라

또 믿을 수 없는 사건이 벌어진다. 요셉은 보디발의 아내의 유혹을 거절하다가 누명을 쓰고 감옥에 갇힌다. 그것도 살아서 나올 수

없다는 왕의 죄수들을 가두는 감옥에 말이다. 이제 요셉의 인생은 끝이 났다. 죽어서 시체가 되기 전에는 그곳에서 나올 수 없다. 그런데 놀라운 것은 요셉은 이곳에서조차 총리가 된다.

> 창 39:22,23 간수장이 옥중 죄수를 다 요셉의 손에 맡기므로 그 제반 사무를 요셉이 처리하고 간수장은 그의 손에 맡긴 것을 무엇이든지 살펴보지 아니하였으니 이는 여호와께서 요셉과 함께하심이라 여호와께서 그를 범사에 형통하게 하셨더라

이 정도면 요셉은 뼛속까지 총리인 사람 아닌가? 감옥에서조차 총리가 되다니 말이다. 왜 그런지 아는가? 요셉의 데스티니 자체가 총리이기 때문이다! 꿈에서 본 것이 이것 아닌가! 하나님이 주신 데스티니가 바로 이런 것이다. 어디에 두든지, 그곳이 존귀한 곳이든 아니면 감옥이든 어디에 두든지 감출 수 없고 막을 수 없다. 반드시 나타난다. 나타날 수밖에 없다. 왜? 데스티니이기 때문에! 그렇게 창조하셨기 때문에! 그렇게 인도하시기 때문에! 이것이 데스티니이다.

환경 때문에 막힌다면 데스티니가 아니다

환경 때문에 데스티니가 막힌다고 생각하는가? 천만의 말씀! 만

약 환경 때문에 막힌다면 그것은 당신의 데스티니가 아니다. 애굽의 총리 자리에 앉혀 놓아야만 발휘될 수 있는 것이라면 그것은 당신 안에 있는 DNA, 하나님이 심어놓으신 데스티니가 아니다. 포지션이 주는 환상이고 착각일 뿐이다. 애굽의 총리 자리에 앉혀놓으면 데스티니가 없는 사람도 최선을 다해 그 직분을 잘 감당한다. 이런 것은 데스티니가 아니다.

요셉의 '총리질'은 아무리 막으려고 해도 막을 수 없었다. 어떤 환경에 놓이더라도 '총리' 본성이 드러났다. 막으려고 노예로 팔면 그 집에서 총리가 된다. 막으려고 감옥에 처넣으면 감옥에서 총리가 된다. 어떻게 해도 요셉의 '총리질'은 막을 수 없었다. 이것이 진짜 데스티니이다. 환경을 핑계 대지 말자. "고3 때 우리 집이 망해서…", 핑계 대지 말자. "이런 부모 밑에 태어나서…", 핑계 대지 말자. 그것 때문에 나타나지 못한다면 그것은 데스티니가 아니다. 하나님은 실수가 없으시다.

결국 이 막을 수 없는 요셉의 '총리 본능'은 요셉을 애굽의 총리 자리에까지 오르게 한다.

> 창 41:40,41 너는 내 집을 다스리라 내 백성이 다 네 명령에 복종하리니
> 내가 너보다 높은 것은 내 왕좌뿐이니라 바로가 또 요셉에게 이르되
> 내가 너를 애굽 온 땅의 총리가 되게 하노라 하고

이 정도면 요셉의 데스티니가 무엇인지 분명하지 않은가? 그렇다. 총리! 요셉은 뼛속까지 총리였다. 그에게는 분명 총리 본능이 있었다. 어떤 환경 속에 두더라도 반드시 나타나는 본능 말이다. 이것이 하나님이 주신 데스티니의 속성이다. 장미는 가시밭에 심는다고 고구마가 나오지 않는다.

"아, 위로 자라려니 가시가… 밑으로 가서 고구마가 되자."

이럴 수 없다. 장미는 가시밭에 심든지 화분에 심든지 어찌되었던 장미가 나온다. 왜냐하면 하나님이 그 안에 두신 DNA, 데스티니가 장미이기 때문이다. 환경 때문에 장미가 아니라 고구마가 나왔다면 그 데스티니는 원래부터 고구마였지 장미가 아니다. 당신의 데스티니는 환경 때문에 막히지 않는다. 절대로 환경 때문에 막히지 않는다. 오히려 환경은 인삼이 될 것을 산삼으로 만드는 축복이지, 절대로 당신의 데스티니를 막거나 당신의 영적 DNA를 변화시킬 수 없다.

산삼을 만드시는 하나님

환경만 놓고 보면 요셉의 환경은 최악이었다. 노예 그리고 감옥의 죄수, 정말 잔인한 환경이었다. 그런데 그 사실을 아는가? 인삼과 산삼의 차이는 DNA 차이가 아니라 심겨진 장소의 차이뿐이라는 사실 말이다. 똑같은 씨가 자라기 힘들고 열악한 환경인 산에 뿌려지면 산삼이 되고, 그냥 밭에 뿌려져서 평범하게 자라면 인삼이 된다. 열악한 환경에 뿌려진 씨가 산삼이 되는 이유는 열악한 환경 속에서 살아남기 위해 뭔가 특별한 물질을 만들어내는데, 그렇게 만들어낸 물질이 죽은 사람도 살린다는 산삼을 만드는 것이다. 이것은 편안한 밭에서 자란 인삼에게서 찾아볼 수 없는 성분이다.

또 인삼은 6년이면 다 자라지만 산삼은 아주 조금씩 자란다. 일년에 몇 미리씩 그렇게 자란다. 그래서 산삼이라고 알아볼 수 있을 만큼 자라려면 적어도 15년 이상 걸리고 어떤 것은 수백 년 된 산삼도 있다. 인삼과 비교할 수 없이 느리게 조금씩 자라지만 그 결과 인삼과 비교할 수 없는 약효를 만들어낸다. 재미있는 것은 요셉이 노예에서 애굽 총리가 될 때까지 13년 이상 걸렸다는 사실이다. 하나님께서 요셉의 인생을 인삼이 아니라 산삼으로 만들고 계신 것이다!

하나님은 당신의 백성들을 인삼이 아닌 산삼으로 계획하셨다. 그래서 태어나보니 편안한 인삼 밭이 아닌 낭떠러지 외진 곳, 햇볕도 별로 들지 않는 깊은 산속이다. 남들은 처음부터 쑥쑥 잘나가는 것 같은데 나는 하는 일마다 안 되고 한참 뒤진 것 같다. 다른 사람들은 6년이면 다 자라서 팔뚝만 한 인삼이 되는데 나는 15년이 지나도 새끼손가락만 하다. 아! 내 인생은 왜 이럴까? 왜 나만 재수가 없을까?

당신의 인생이 왜 그런지 아는가? 그것은 당신을 향한 하나님의 계획은 인삼이 아니라 산삼이기 때문이다! 당신은 세상을 축복할 만한 뭔가를 만들어내야 하기 때문이다. 인삼 밭에서 금세 쑥쑥 찍어낸 삼은 결코 산삼이 될 수 없다. 산삼은 이해할 수 없는 환경에서 수십 년을 자라야 한다. 이것이 요셉이 노예로, 감옥으로 옮겨 다녀야 했던 이유다. 당신 인생을 이해할 수 없는가? 당신 인생이 빨리빨리 열리지 않는가? 그것은 당신이 산삼이 되어가고 있다는 증거다. 이해할 수 없는 그 경험들, 당신의 그 오랜 인내의 시간들이 결국 다른 사람들을 살리는 축복, 죽었던 사람도 살린다는 산삼의 위대한 축복이 될 것이다!

　모든 하나님의 사람들의 공통된 데스티니는 다른 사람에게 축복이 되는 것이다. 그렇기에 고난과 인내를 통과하지 못한 사람은 하나님의 사람이 될 수 없다. 고난과 인내를 통과한 사람만이 다른 이들을 도울 수 있고 살릴 수 있는 영적인 능력을 갖게 되기 때문이다. 데스티니를 이루어가는 과정은 내 생각과 다르다. 오랜 세월을 인내하여 만들어지는 산삼처럼 말이다. 그렇기 때문에 '인내'는 데스티니를 이루는 필수불가결의 요소다.

하늘 총리

요셉은 험난한 산에 심긴 산삼이었다. 그는 비록 편안한 밭이 아니라 가장 험난한 산골짜기에 심겨졌지만, 그가 심긴 곳과 상관없이 요셉에게는 삶의 DNA, 즉 '총리 본능'이라는 데스티니가 있었다. 그래서 그는 어느 곳에 있든지 계속 총리의 자리에 오른다. 여기에 그의 인생이 주는 세 번째 메시지가 있다.

총리가 되기 위해 필요한 두 가지가 있다. 첫째는 주인의 신뢰이며, 둘째는 전체를 다스릴 수 있는 능력이다. 아무리 능력이 있어도 주인이 믿고 맡길 수 없으면 총리가 될 수 없고, 반대로 아무리 주인이 신뢰해도 전체를 다스릴 능력이 없으면 총리가 될 수 없다. 따라서 요셉의 총리 본능을 분석해보면 두 가지 요소로 압축될 수 있다. 그것은 주인의 신뢰를 얻을 수 있는 충성됨과, 전체를 다스릴 수 있는 탁월함이다.

(1) 충성

충성과 탁월, 이 두 가지는 사실 우리의 데스티니에도 요구된다. 왜냐하면 우리는 모두 하늘 총리로 부름 받았기 때문이다. 물론 이 땅에서 우리의 데스티니는 요셉과 다르다. 모든 사람이 총리로 부름 받지는 않았다. 각 사람만의 고유한 데스티니가 있다. 그러나 하나님나라에서 우리의 부르심에는 공통분모가 있다. 그것은 총리다. 하나님께 위임받은 권위로 다스리고 통치하는 것, 이것이 우리의 부르심이지 않은가?

창 1:26-28 하나님이 이르시되 우리의 형상을 따라 우리의 모양대로 우리가 사람을 만들고 그들로 바다의 물고기와 하늘의 새와 가축과 온 땅과 땅에 기는 모든 것을 다스리게 하자 하시고 하나님이 자기 형상 곧 하나님의 형상대로 사람을 창조하시되 남자와 여자를 창조하시고 하나님이 그들에게 복을 주시며 하나님이 그들에게 이르시되 생육하고 번성하여 땅에 충만하라, 땅을 정복하라, 바다의 물고기와 하늘의 새와 땅에 움직이는 모든 생물을 다스리라 하시니라

이런 의미에서 우리의 데스티니는 하나님나라의 총리다. 그렇기 때문에 우리에게도 요셉의 총리 본능이 반드시 DNA로 각인되어 있어야 한다. 그럴 때 비로소 하늘 총리로서 우리의 데스티니가 이루어질 수 있다.

총리 본능은 앞서 이야기했듯이 첫째, 주인의 신뢰를 받아야 한다. 다시 말해 충성됨이 있어야 한다. 요셉을 보라. 그는 보디발의 집에 노예로 팔려간다. 보통 노예들의 태도는 보신주의다. 노예가 잘한다고 승진이 되는가, 아니면 성과급이 있는가? 잘하면 본전이고 못하면 깨지는 것이 노예다. 노예는 그냥 시키는 일만 눈치껏 하면 되지 '충성되게', '열심히' 이런 단어들과는 거리가 먼 사람이다.

그런데 요셉은 달랐다. 그는 노예인데도 최선을 다했다. 심지어 죄수가 되어 감옥에 들어간 후에도 이것은 달라지지 않았다. 아무도 인정해주는 사람 없고, 아무런 소망이 없는 곳에서도 요셉은 마

치 자신이 애굽의 총리라도 되는 것처럼 최선을 다했다. 이것이 요셉을 진짜 애굽의 총리가 되게 한 비결이다. 처한 곳에서 최선을 다하는 것, 이것이 충성이다.

크고 위대한 일 앞에서 충성되지 않을 사람은 아무도 없다. 중요한 일이니까. 충성하지 말라고 해도 충성한다. 문제는 애굽의 총리 같은 큰일 말고, 보디발의 집 총리일 때 혹은 감옥의 총리일 때 이 때도 충성될 수 있느냐는 것이다. 사람들이 하나님나라의 총리로서 실패하는 가장 큰 함정이 여기에 있다. 애굽 총리 자리에서는 충성하겠다는 것이다. 그런데 보디발의 집이라면? 이거야 뭐 해도 그만 안 해도 그만이지 않은가? 잘해도 알아주는 사람 하나 없다. 더구나 감옥이라면 충성이 웬 말인가? 원망과 술로 시간을 보내지 않으면 다행이다. 이것이 우리의 데스티니를 막는 진짜 이유다. 충성됨이 없는데 어떻게 하나님께서 당신에게 일을 맡기시겠는가? 총리로 세우실 수 없다.

고전 4:2 그리고 맡은 자들에게 구할 것은 충성이니라

애굽의 총리에 오르는 데스티니가 이루어지기 원한다면 오늘 보디발의 집에서부터 총리를 시작하라. 감옥에서 총리를 시작하라. 일터 사역, 긍휼 사역, 예배 사역, 음악, 예술, 가르치는 일이든 무엇이든지 간에 그것이 당신의 부르심이라고 믿는다면, 그것을 아무도 봐주

는 사람이 없는 곳, 아무도 인정해주는 사람이 없는 곳, 거기서부터 시작하라. 거기서 혼자서라도 하나님이 주신 사명을 행하라. 거기서 혼자라도 하나님이 주신 소명을 충성되게 감당하라. 하나님나라의 총리가 되는 당신의 데스티니는 여기서부터 시작되어야 한다.

> 마 25:23 그 주인이 이르되 잘하였도다 착하고 충성된 종아 네가 적은
> 일에 충성하였으매 내가 많은 것을 네게 맡기리니 네 주인의 즐거움에
> 참여할지어다 하고

새롭게 직장에 취직했는가? 그렇다면 그곳이 당신의 보디발의 집이다. 직장 상사의 눈치에 따라 움직이지 말고 하늘 총리답게 충성을 다하라. 마치 당신이 사장인 것처럼 일하라. 이것이 총리의 당연한 태도다. 교회에서 작은 직분을 맡았는가? 그곳이 당신의 보디발의 집이다. 사람들의 반응에 따라 움직이지 말고 하늘 총리답게 섬겨라. 마치 당신이 담임목사인 것처럼 말이다. 이것이 총리의 당연한 태도다.

보디발의 집 총리부터 시작하라. '그래. 이거 잘하면 내가 곧 애굽 총리가 되겠지' 이런 생각은 접어라. 보디발의 집에서 총리 일을 잘 감당하면 감옥에 들어가게 될 것이다! 애굽이 아닌 감옥이 당신을 기다린다. 이것이 맞는 순서다. 사람들의 핍박과 고난이 당신을 기다릴 것이다. 그러면 거기서 다시 감옥의 총리를 감당하라. 원망하

지 말고 좌절하지도 말고 처한 곳에서 그냥 묵묵히 당신 안에 있는 그 DNA를 행하라. 충성됨의 DNA를 말이다.

그것이 진짜 당신의 데스티니라면 거기서 뭔가 일어날 것이다. 왜냐하면 장미는 어디에 심겨도 장미지 고구마가 될 수 없기 때문이다. 하나님께서는 그 열매를 확인하기 원하신다.

"너는 장미냐? 아니면 고구마냐?"

(2) 탁월

그렇게 할 때 총리가 되기 위한 두 번째 요소, 즉 탁월함이 생긴다. 탁월함은 좋은 머리에서 나오는 것이 아니다. 탁월함은 충성됨에서 나온다. 충성된 사람은 주인을 위해 일을 게을리하지 않는다. 충성된 사람은 좀 더 잘 섬기기 위해 그 일을 연구한다. 이것이 탁월함을 가져온다. 더욱 중요한 것은 이렇게 충성될 때, 하나님께서 그 위에 축복하신다는 것이다. 사람들이 왜 요셉을 총리로 세웠는지 아는가? 성경은 그 이유를 이렇게 이야기한다.

> 창 39:3 그의 주인이 여호와께서 그와 함께하심을 보며 또 여호와께서 그의 범사에 형통하게 하심을 보았더라

> 창 39:5 그가 요셉에게 자기의 집과 그의 모든 소유물을 주관하게 한 때부터 여호와께서 요셉을 위하여 그 애굽 사람의 집에 복을 내리시므

로 여호와의 복이 그의 집과 밭에 있는 모든 소유에 미친지라

창 39:21,23 여호와께서 요셉과 함께하시고 그에게 인자를 더하사 간수
장에게 은혜를 받게 하시매 … 간수장은 그의 손에 맡긴 것을 무엇이
든지 살펴보지 아니하였으니 이는 여호와께서 요셉과 함께하심이라 여
호와께서 그를 범사에 형통하게 하셨더라

창 41:38,39 바로가 그의 신하들에게 이르되 이와 같이 하나님의 영에
감동된 사람을 우리가 어찌 찾을 수 있으리요 하고 요셉에게 이르되
하나님이 이 모든 것을 네게 보이셨으니 너와 같이 명철하고 지혜 있
는 자가 없도다

사람들이 요셉을 총리로 세운 것은 하나님이 그가 있는 곳을 축
복하시는 것을 보았기 때문이다. 하나님의 총애가 부어진 것이다.
하나님의 총애란 우리는 하나를 했는데 두셋의 결과를 보게 되는 것
을 뜻한다. 왕의 총애를 받는 사람은 두려울 것이 없듯이 하나님의
총애를 받는 사람의 인생은 다르다.

우리 인생에 진짜 필요한 것은 능력이 아니다. 진짜 필요한 것은
하나님의 총애다. 이것이 있으면 뭘 해도 형통하다. 그러나 반대로
이것이 없으면 뭘 해도 망한다. 그렇다면 하나님은 어떤 사람을 총
애하실까? 그렇다. 충성된 사람이다. 그래서 결국 충성이 탁월함을

낳는다. 기억하라. 총애는 하나님을 향한 충성에서 오고 그 결과는
탁월함이다.

요셉은 하나님의 총애로 가는 곳마다 복의 근원이 되었다. 사람
들이 요셉 때문에 복을 받았다. 요셉 때문에 주인의 사업이 번창하
고, 요셉 때문에 감옥이 평안하고, 요셉 때문에 애굽이 강성해졌다.
이것이 그리스도인의 데스티니이다! 그리스도인은 이런 사람이다.
그 충성됨과 탁월함으로, 더 본질적으로는 하나님의 총애 때문에,
주변에 누가 있든지 그 사람들이 복을 받는 것이다. 우리가 직장에
있다면 직장이 복을 받고, 우리가 학교에 있다면 학교가 복을 받고,
우리가 서울에 있다면 서울이 복을 받는다. 왜? 우리는 산삼이니까!
이것이 총리 본능, 곧 우리의 데스티니이다! 할렐루야!

하나님 앞에서 산 사람

요셉은 누가 주인이든지 그 주인에게 충성되고, 무슨 일이든지 그
일에 탁월했다. 그러나 요셉이 진짜로 대면했던 것은 인간 주인과
세상일이 아니었다. 요셉이 진짜로 대면했던 것은 하나님이었다. 그
는 하나님을 대면하여 산 사람이지 사람을 대면하여 산 사람이 아
니었다. 그의 진짜 주인은 보디발이 아니라 하나님이었으며, 그의
진짜 주인은 애굽의 바로가 아니라 하나님이었다.

요셉이 이렇게 고백한다.

창 50:18-21 그의 형들이 또 친히 와서 요셉의 앞에 엎드려 이르되 우리는 당신의 종들이니이다 요셉이 그들에게 이르되 두려워하지 마소서 내가 하나님을 대신하리이까 당신들은 나를 해하려 하였으나 하나님은 그것을 선으로 바꾸사 오늘과 같이 많은 백성의 생명을 구원하게 하시려 하셨나니 당신들은 두려워하지 마소서 내가 당신들과 당신들의 자녀를 기르리이다 하고 그들을 간곡한 말로 위로하였더라

요셉은 하나님 앞에서 산 사람이었다. 이것이 요셉이 복의 근원이 된 이유다. 당신은 누구 앞에서 살아가는가? 당신을 애굽으로 또 감옥으로 보낸 사람은 누구인가? 부모인가? 직장 상사인가? 아니면 환경인가? 누가 당신의 인생을 이끌고 있다고 믿는가? 누가 당신의 인생을 결정한다고 믿는가? 결국 여기서 모든 것이 결정된다.

"가장 크고 위대한 분이 나의 하나님이시고 나는 그분의 총리이기에, 나는 보디발의 집에 있으나 감옥에 있으나 아니면 애굽의 바로 앞에 있으나 총리다. 똑같은 총리다. 왜냐하면 나는 사람의 총리가 아니라 하나님의 총리이기 때문이다! 사람들은 나를 위대한 바로의 총리라 부르고, 사람들은 나를 감옥의 별 볼일 없는 총리라고 구분할지 몰라도, 아니다. 이것은 나의 진짜 아이덴티티가 아니다. 나는 그저 총리다. 감옥에 있든 궁궐에 있든 다를 바 없다. 나는 그저 총

리다. 왜냐하면 나는 사람의 총리가 아니라 하나님의 총리이기 때문이다!"

이것을 믿는다면 지금 시작하라. 아무도 없는 곳, 감옥, 보디발의 집, 어디든지 간에 하나님이 당신의 인생을 향해 두신 그 데스티니를 시작하라. 충성되게 섬겨라. 작은 일이라고 게을리하지 말라. 그 위에 하나님의 총애가 부어질 때까지. 그러다가 하나님이 바로의 궁으로 옮기시면 거기서도 그냥 감옥에서 했듯이 계속하라. 이것이 하늘 총리인 우리의 데스티니이며 특권이며 능력이며 운명이다!

인삼이나 고구마가 아닌, 산삼이며 장미인 당신을 축복한다.

God bless you!

11 룻 1 ; 막힌 우물에서 오벳을 낳다

잉태하여 낳는 존재

룻기는 데스티니에 대한 보물을 담고 있는 책이다. 룻기가 전해주는 데스티니의 비밀들을 파헤쳐보자. 이 여정이 당신의 데스티니에 어떤 영향을 미칠지 궁금하다.

> 룻 1:1-5 사사들이 치리하던 때에 그 땅에 흉년이 드니라 유다 베들레헴에 한 사람이 그의 아내와 두 아들을 데리고 모압 지방에 가서 거류하였는데 그 사람의 이름은 엘리멜렉이요 그의 아내의 이름은 나오미요 그의 두 아들의 이름은 말론과 기룐이니 유다 베들레헴 에브랏 사람들이더라 그들이 모압 지방에 들어가서 거기 살더니 나오미의 남편 엘리멜렉이 죽고 나오미와 그의 두 아들이 남았으며 그들은 모압 여자

중에서 그들의 아내를 맞이하였는데 하나의 이름은 오르바요 하나의

이름은 룻이더라 그들이 거기에 거주한 지 십 년쯤에 말론과 기룐 두

사람이 다 죽고 그 여인은 두 아들과 남편의 뒤에 남았더라

룻기는 룻이 다윗의 할아버지인 오벳을 낳는 이야기다. 오벳이 이
새를 낳고 이새가 다윗을 낳았다. 룻은 다윗의 증조할머니였다. 사
람은 세상을 살면서 무언가를 잉태하고 시간이 지나면 그것을 낳는
다. 육적으로만 아니라 영적으로도 그렇다. 믿음의 선배들은 그들
의 삶을 통해 영적 유업들을 잉태하고 출산하여 세상에 남겨주었다.

아브라함은 그의 평생의 삶을 통해 믿음을 잉태하고 낳았다. 믿음
으로 본토 친척 아비 집을 떠나고, 믿음으로 조카 롯을 떠나보내며,
믿음으로 전쟁에 뛰어들고, 믿음으로 아들 이삭을 제물로 바쳤다.
아브라함의 삶은 믿음을 잉태하고 낳는 산실이었다. 사람들은 아브
라함이 출산한, 그래서 이 세상에 존재하고 남겨진 '아브라함의 믿음'
이라는 영적 유업을 통해 큰 복을 누리게 되었다.

다윗도 마찬가지다. 그는 평생의 삶을 통해 시편이라는 보석을 잉
태하고 낳았다. 사울에게 쫓기고 압살롬의 배신을 겪으면서 예배가
무엇이며 하나님의 마음에 합한 삶이 무엇인지를 잉태하고 낳았다.
그리고 세상은 그 유업을 누리고 있다.

엘리야는 그의 삶을 통해 하나님의 능력을 잉태하여 낳았고 바울
은 열방을 유업으로 출산했다. 이사야도, 다니엘도, 예레미야도, 모

든 하나님의 사람들은 그 인생을 통해 무엇인가를 잉태하고 낳았다. 세상은 좋든 싫든 그 유업들을 받게 된다.

우리는 이 세상에 무언가를 낳는 존재이며 우리 삶의 걸음걸음은 그것을 잉태하고 출산하는 과정이다. 이것이 우리의 데스티니다. 세상도 이것을 본능적으로 알기에 "호랑이는 죽어서 가죽을 남기고, 사람은 죽어서 이름을 남긴다"고 했다. 당신은 세상에 무언가를 유업으로 남기는 존재라는 것을 잊지 말라.

영향력을 끼치고 싶은 마음

하나님은 우리를 지으실 때 우리 안에 '무언가 깊고 중요한 영향력을 끼치고 싶은 마음'을 심어놓으셨다. 이것이 하나님이 우리를 창조하신 방식이다. 의미 있는 일을 하고 싶고, 세상에 좋은 영향력을 남기고 싶은 것이 우리가 창조된 방식이며, 그렇게 하는 것이 우리의 데스티니다. 당신의 데스티니는 이 세상에 무언가 축복이 될 것을 잉태하여 낳는 것이다. 이것은 육체의 자녀를 잉태하여 낳음으로 세상에 남기는 것과 비슷하다. 영적으로도 우리는 인생을 통해 무언가를 잉태하며 그 결과로 무언가를 세상에 낳는다.

무엇을 잉태할 것이며 무엇을 낳을 것인가? 이것이 우리 인생이 존재하는 이유이며 하나님 앞에서 우리 인생에 대한 평가가 된다. 불행하게도 꼭 좋은 것만을 낳는 것은 아니다. 사탄은 우리의 데스티니를 왜곡시켜서 부정적인 것을 출산하도록 만들기도 한다. 한국을 떠들썩하게 했던 살인마 오원춘은 수많은 사람들의 원통함을 낳았고 두려움과 공포를 출산했다. 리비아의 독재자 카다피는 그 땅에 고통스러운 유업을 잉태하고 낳았다.

당신은 지금 무엇을 잉태하고 있는가? 부정적인 것을 잉태하고 있다면 조심하라. 조금 있으면 당신이 지금 잉태하고 있는 그것이 밖으로 나올 것이다. 부정적인 것뿐 아니라 선한 것을 잉태하고 있더라도 역시 조심하라. 잘못하면 유산될 수 있다. 사탄은 우리를 유산시키려고 우는 사자처럼 노리고 있다.

룻의 이야기는 이 잉태와 출산에 대한 이야기다. 룻의 이야기가 성경에 기록된 이유는 우리가 어떻게 이 세상에 깊고 의미 있는 영향력을 남길 것인지를 알려주기 위해서다. 잉태하고 출산하는 룻의 데스티니를 통해 당신도 건강한 아이를 출산하게 되기 바란다.

반대의 원리

잉태하고 출산하는 우리의 데스티니를 어떻게 성공적으로 이뤄갈 수 있을까? 내가 출산해야 할 유업이 무엇인지 어떻게 알 수 있으며 또 그것을 어떻게 출산할 수 있을까? 룻기를 통해 말씀하고 계신 '잉태와 열매'의 원리들을 살펴보자.

첫 번째로 룻이 보여주는 데스티니의 원리는 '반대의 원리'이다.

> 룻 1:3-5 나오미의 남편 엘리멜렉이 죽고 나오미와 그의 두 아들이 남
> 았으며 그들은 모압 여자 중에서 그들의 아내를 맞이하였는데 하나의
> 이름은 오르바요 하나의 이름은 룻이더라 그들이 거기에 거주한 지 십
> 년쯤에 말론과 기룐 두 사람이 다 죽고 그 여인은 두 아들과 남편의 뒤
> 에 남았더라

집안 남자들이 모두 죽어버렸다. 우리말로 하면 대가 끊긴 것이
다. 고대 근동에는 형사취수(兄死娶嫂)라는 제도가 있어서 룻의 남
편 말론이 죽어서 대가 끊기면 그 형제 기룐을 통해 대를 잇게 한다.
그런데 룻의 남편 말론뿐 아니라 말론의 유일한 형제인 기룐까지 죽
었다. 뿐만 아니라 늦둥이 동생도 더 이상 기대할 수 없도록 아예 시
아버지인 나오미의 남편 엘리멜렉까지 죽었다. 룻이 출산할 수 있는
길이 완전히 막혀버린 것이다. 나오미가 이렇게 이야기한다.

> 룻 1:11-13 나오미가 이르되 내 딸들아 돌아가라 너희가 어찌 나와 함
> 께 가려느냐 내 태중에 너희의 남편 될 아들들이 아직 있느냐 내 딸들
> 아 되돌아가라 나는 늙었으니 남편을 두지 못할지라 가령 내가 소망이
> 있다고 말한다든지 오늘 밤에 남편을 두어 아들들을 낳는다 하더라도

너희가 어찌 그들이 자라기를 기다리겠으며 어찌 남편 없이 지내겠다고 결심하겠느냐 내 딸들아 그렇지 아니하니라 여호와의 손이 나를 치셨으므로 나는 너희로 말미암아 더욱 마음이 아프도다 하매

룻을 통해서는 절대로 후손이 나오지 못하게 된 것이다. 룻의 데스티니가 무엇인가? 오벳을 낳는 것 아닌가? 그런데 오벳은 고사하고 어떤 자녀도 낳을 수 없도록 철저히 우물이 막혀버렸다. 이것이 반대의 원리다. 사탄은 우리의 데스티니가 이루어지는 것을 싫어하고 두려워하기 때문에 그 문을 어떻게 해서라도 막아버리려고 한다.

사탄은 데스티니의 우물을 막아버린다

창세기 26장을 보면 이삭을 미워한 블레셋 사람들이 이삭의 우물을 모두 막아버린다.

창 26:12-15 이삭이 그 땅에서 농사하여 그해에 백 배나 얻었고 여호와께서 복을 주시므로 그 사람이 창대하고 왕성하여 마침내 거부가 되어 양과 소가 떼를 이루고 종이 심히 많으므로 블레셋 사람이 그를 시기하여 그 아버지 아브라함 때에 그 아버지의 종들이 판 모든 우물을 막고 흙으로 메웠더라

원수가 우물을 모두 막아버렸다. 우물에서 물이 나오면 이삭이 부흥케 되기 때문이다. 우물에서 물이 나오면 이삭이 강성해지기 때문이다. 우리 인생에 사탄이 하는 일이 바로 이것이다. 우물을 막아버리는 것이다.

당신의 데스티니가 무엇인지 궁금한가? 그렇다면 당신의 막힌 우물이 어디인지 찾아보라. 하고는 싶은데 뭔가 막히고 잘 안 풀리고, 그래서 한이 되기도 하는 그것. 막혀버린 우물. 어쩌면 그것이 당신의 데스티니일 수 있다. 사탄이 내 인생에서 막고 있는 것이 무엇인지, 사탄이 내 인생에서 두려워하는 것이 무엇인지, 그래서 끈질기게 공격하고 막아놓은 것이 무엇인지 그것을 찾아보라.

이것은 데스티니를 연구하다보면 항상 등장하는 패턴이다. 사탄은 데스티니의 우물을 막아버린다. 어떤 것은 아주 오래전부터 말이다. 개인의 경우 심지어 태어날 때부터 데스티니의 우물을 막아버리기도 한다. 따라서 우리의 데스티니를 찾고자 할 때는 이 '반대의 원리'를 반드시 함께 고려해야 한다. 반드시 내가 잘하는 것이나 나의 은사에만 데스티니가 있는 것이 아니다. 내가 생각했던 것과는 전혀 다른 곳, 인간적인 생각으로는 정말 불가능해 보이는 곳, 막힌 우물, 여기에 우리 데스티니가 있을 수 있다.

그렇다면 내가 어디로 가야 번성하는가? 그렇다. 막혀 있는 우물! 안 풀리는 것, 가능성이 없어 보이는 것, 그러나 동시에 마음 한구석에 열정이 있는 것, 마음속 한구석에서 '하나님이 주신 소명'이라는 생각이 지워지지 않는 곳, 거기에 가야 한다. 어쩌면 거기에 우리의 데스티니가 있기 때문에 사탄이 막아놓은 것일 수 있기 때문이다.

롯의 인생이 그랬다. 롯의 데스티니는 잉태하여 낳는 것이다. 그러니 사탄이 어떻게 하겠는가? 잉태의 우물을 막아버렸다. 롯의 남편뿐 아니라 그 집안 모든 남자들의 씨를 말려버렸다. 오벳을 잉태하여 낳아야 하는 롯의 데스티니의 우물을 완전히 막아버린 것이다.

십자가의 반전

그런데 여기에 반전이 있다. 하나님이 계획하셔서 우리 안에 심으신 데스티니의 씨앗은 사탄이 아무리 막으려 해도 막을 수 없다는 것이다! 그렇다. 절대로 막을 수 없다. 오히려 그 사탄의 공격을 믿음으로 뚫고 나올 때, 오랜 고통과 좌절은 우리 인생과 주변 사람들에게 축복으로 변하게 된다. 이것이 바로 십자가의 능력이며 하나님의 방법이다.

이것은 어느 한두 사람의 이야기가 아니라 성경 전체의 패턴이다. 예수님의 데스티니를 아는 사탄은 처음부터 예수님을 죽이려고 했다. 총리가 되어야 할 요셉의 데스티니를 아는 사탄은 요셉을 끊임없이 낮은 곳으로 보내려고 했다. 롯의 데스티니를 아는 사탄은 모든 남자의 씨를 말렸다. 그러나 그런다고 롯이 오벳을 출산하지 못한 것이 아니었고, 그런다고 요셉의 총리 본능이 사라지는 것이 아니었고, 그런다고 예수님의 구원 사역이 멈춰진 것도 아니었다. 오히려 사탄이 막아버린 우물이 그들의 데스티니를 정금같이 만드는 귀한 연단의 도구가 되었다!

> 롬 5:3,4 다만 이뿐 아니라 우리가 환난 중에도 즐거워하나니 이는 환난
> 은 인내를, 인내는 연단을, 연단은 소망을 이루는 줄 앎이로다

사탄이 자기 딴에는 가장 큰 성공이라고 생각했던 '예수 죽인 십자가'가 오히려 인류를 구원하는 위대한 '구원의 십자가'가 될 줄이야! 깊도다 하나님의 지혜여! 사탄이 요셉을 감옥에 보내놓고 성공했다고 기뻐할 때 이것이 오히려 요셉의 내면과 속사람을 강철처럼 단련함으로 후에 애굽 전체를 다스릴 총리가 되는 밑거름이 될 줄이야! 깊도다 하나님의 지혜여! 사탄이 룻기에 나오는 남자들을 다 죽여놓고 제 딴에는 성공했다고 자축하고 있을 때, 오히려 이것이 유다 지파 보아스를 통해 메시아의 계보가 이어지는 예언의 성취에 한 몫(?) 하게 될 줄이야! 깊도다 하나님의 지혜여! 바로 이것이 십자가의 반전이다!

우리의 데스티니를 막는 것처럼 보이는 모든 저주는 십자가를 통과할 때 오히려 데스티니를 이루는 강력한 축복이 된다. 왜냐하면 십자가에는 모든 저주를 축복으로 바꾸는 능력이 있기 때문이다. 예

수께서 십자가에서 모든 저주를 담당하고 죽으셨기에, 어떤 저주도 십자가를 통과하고 나면 더 이상 저주일 수 없다. 그것이 여전히 저주라면 예수의 죽음은 의미 없는 죽음이다. 저주는 십자가에 올려지는 순간 저주의 능력을 상실하고 더 나아가 오히려 축복이 된다. 이것이 십자가의 지혜이며 십자가의 능력이며 십자가의 은혜이다!

과거를 재해석하는 십자가

십자가를 통과한다는 것은 구체적으로 복음 안에서 과거를 재해석하는 것이다. 하나님을 알지 못할 때는 해석할 수 없던 사건들, 하나님을 모를 때는 저주로만 보였던 인생의 이모저모들을 복음의 렌즈로 재해석하는 것이다. 예를 들어 요셉이 애굽에 팔려간 사건은 어떤가. 하나님을 제외하고 생각한다면 이는 인류를 배신한 억울한 사건이며 복수해야 마땅한 사건이다. 그러나 복음의 렌즈로 이 사건을 재해석하면 이것은 하나님의 구원 계획이다! 요셉을 미리 애굽에 보내서 가족 전체를 구원하시려는 하나님의 축복이 그 속에 있다.

그런 의미에서 십자가를 통과한다는 것은 '사건'에서 '저주의 요소'를 뺀 것을 믿음으로 취하는 것이다. 그럴 때 여기에 하나님의 강권적인 축복이 곱해진다. 이것이 십자가를 통과하는 것의 의미다.

십자가를 통과한 사건 = (사건 - 저주의 요소) × 강권적인 축복

룻기의 반전은 십자가가 있기에 가능하다. 사탄은 저주로 우물을 막아버렸다. 그러나 십자가를 통과하여 믿음으로 그 우물을 다시 파보니 오히려 거기에서 막혀 있었기 때문에 더 풍부하고 질이 좋은 어마어마한 생수를 보게 된다. 이것이 십자가다. 우리의 연약함과 '한'을 오히려 강력한 무기로 바꾸어버리시는 하나님의 지혜가 십자가다!

막힌 우물에서 오벳을 낳다

앞서 나누었듯이 나는 말더듬으로 인해 메시지를 전하는 목사가 될 것을 생각해본 적이 없었다. 목사는 내가 상상했던 내 인생의 모든 가능성 중에 가장 마지막에 있었다. 나는 다른 사람들 앞에서 말하는 것과는 가장 거리가 먼 사람이었다. 그런데 놀라운 것은 나의 데스티니가 말씀을 전하는 것이었다! 아이를 낳아야 하는 룻의 집안에 남자들의 씨가 말라버린 것이 바로 내 이야기다.

복음이 내 안에 들어왔다. 십자가가 역사하기 시작했다. 말더듬이라는 저주가 과연 십자가를 통과할 때 축복으로 바뀔까? 바뀌었다! 놀라운 기적과 반전이 일어났다. 룻이 오벳을 낳은 것이다! 말

더듬이가 설교를 하게 된 것이다! 말더듬 때문에 배웠던 웅변으로 오히려 더 능숙한 메시지를 전달하게 된 것이 십자가의 능력이며 반대의 원리다!

당신의 막힌 우물은 무엇인가? 혹시 막힌 우물 앞에서 좌절하고 있지 않는가?

"나는 이것 때문에 안 돼."

"그때 그 사건 때문에 내 데스티니는 망가져버렸어."

"나는 장애를 가지고 태어났어."

"나는 대학을 못 나왔어."

"나는 몸이 약해."

"나는 말을 못해…."

그렇다면 기억하라. 그 약함이 오히려 당신의 데스티니일 수 있다. 좌절의 시간이 이미 오래되었다고? 상관없다. 오래 막힌 만큼 우물 안의 물은 더욱 정화되어 있을 것이다. 사탄이 막아버린 이 우물이 십자가를 통과할 때, 그리고 당신이 믿음의 걸음을 계속할 때, 언젠가 당신 손에 오벳이 들려 있을 것이다. 그렇다! 당신은 결국 오벳을 낳을 것이다! 언제? 십자가를 통과할 때! 이것을 막을 자는 아무도 없다. 아니, 오히려 막으려 하는 자의 시도가 더욱 위대한 오벳을 낳게 할 것이다! 하나님을 찬양하라! 십자가를 찬양하라!

기억하라. 사방이 다 막힌 것 같고, 남자들의 씨가 다 마른 것 같고, 더 이상 소망이 없어 보이는 때, 바로 이때 오벳의 잉태가 시작된다. 막힌 우물에서 오벳을 낳는 것, 이것이 하나님의 위대한 계획이며 당신의 데스티니이다.

한국적 기도와 한(恨)

자, 이제 배운 것을 적용할 시간이다. 앞서 살펴본 룻기의 '반대의 원리', '십자가의 원리'를 가지고 우리 민족의 데스티니를 들여다보자. 앞서 나누었듯이 우리 민족의 데스티니 중에 하나는 기도다. 몇 해 전 프랑스 사람들을 대상으로 기도에 대해 강의한 적이 있었다. 한국식 기도를 가르쳐주고 싶어서 함께 통성으로 기도할 것을 제안했다. 그런데 생각보다 쉽지 않았다. 세뇨르(불어로 "주여")를 크게 세 번 부르짖고 기도하라고 했는데 이들의 '세뇨르'는 한국의 "주여"와는 완전히 달랐다. 이들의 "세뇨르"는 "주여"의 간절한 외침이 아니라 로맨틱한 속삭임에 가까웠다. 안 되겠다 싶어 "세뇨르" 대신 그냥 "주여"로 세 번 크게 부르짖으라고 했지만 여전히 한국 사람의 "주여"는 아니었다. 무슨 방법을 써도 이들의 입에서 한국 사람과 같은 큰 소리의 기도는 나오지 않았다. 오히려 큰 소리의 기도가 이들에게 어울리지 않는다는 생각마저 들었다.

돌아오는 비행기 안에서 골똘히 생각했다.

'한국 사람의 "주여"에는 간절함을 넘어 애절함이 있는데, 왜 유럽

사람들에게는 그게 안 느껴질까?'

　뭔가가 머리를 스쳐지나갔다. 그렇다! 한(恨)! 우리 민족의 애절한 기도에는 '한'이라는 민족적 정서가 깔려 있다. 유학생 시절 미국 사람에게 한에 대해 설명해주는 것을 들었다. 그것은 "historically accumulated sorrow : 역사적으로 축적된 슬픔"이었다. 맞다. 우리 민족은 한 많은 민족이다. 무슨 말인지 모르겠다면 '아리랑'을 들어보라. 듣고만 있어도 눈물이 나지 않는가? 우리 민족은 역사적으로 셀 수 없는 슬픔을 경험했다. 외세로부터 침략당한 것만 9백 번에 달한다는 통계가 있다. 정확한 통계인지는 모르지만 평균 7년마다 전쟁이 있었다는 의미다. 생애 한 번도 전쟁을 겪어보지 않은 세대가 거의 없다고 봐도 무방할 것이다. 그런 의미에서 6.25 이후에 태어난 세대는 정말 복 받은 세대다. 전쟁을 겪지 않은 특별한 인생을 살고 있으니 말이다. 여하튼 이 수많은 전쟁은 가난과 질병 그리고 남편이 죽고 아내가 잡혀가는 말로 표현할 수 없는 슬픔의 역사를 강요했다. 이것이 축적되어 민족의 정서가 되었는데 그것이 바로 '한'이다.

　우리 민족의 애절한 기도는 바로 이 한을 기초로 하고 있음이 분명해 보인다. 내가 기억하는 우리 할머니 세대의 기도는 기도 반, 한풀이 반이었다. 가난에서 오는 설움, 남편과 시부모께 받은 상처, 여자로 태어난 억울함 등이 기도에 고스란히 녹아 있었다. 먹먹한 마음을 주 앞에 가지고 나와 기도로 쏟아놓은 것이다.

"우리 자식들은 배고프지 않게 해주십시오! 우리 자식들은 억울하지 않게 해주십시오." 남편이 바람을 피워도 그것을 남자의 능력이라고 생각하던 시절, "우리 딸아이는 우리 남편 같은 남편을 만나지 않게 해주십시오!" 이 기도는 로맨틱하게 드릴 수 있는 기도가 아니었다. 애간장이 끊어지는 기도였다. 이 기도는 작게 속삭일 수 있는 기도가 아니었다. 통곡과 함께 쏟아지는 '통성기도'였다.

역사를 돌아보며 참으로 은혜인 것은 이 기도를 하나님께서 받으시고 응답하셨다는 것이다. 우리 자식들은 배고프지 않게 해달라는 기도가 응답되지 않았는가! 한국이 오늘날 어떻게 세계 10위권의 부국이 되었을까? 우리 부모 세대의 기도가 응답된 것이다! 적어도 나는 그렇게 믿는다!

"할머니, 감사합니다! 당신의 기도로 오늘 제가 배고프지 않게 되었습니다!"

저주가 축복이 되는 복음

한국적 기도는 한에서 나온다. 그런데 엄밀히 말해서 과연 이 '한'이 축복일까? 전쟁이 어떻게 축복일 수 있겠는가? 그렇다. 한은 축복이 아니다. 오히려 저주라면 저주다. 그런데 어떻게 이 '저주'가 한 민족의 데스티니를 이루는 '축복'의 기초가 되었을까? 이것이 바로

롯기를 통해 살펴본 십자가의 원리다. 예수께서 십자가에 달려 죽으셨다. 구약에 의하면 예수의 십자가 사건은 저주이지 결코 축복이 아니다. 나무에 달리는 것은 저주라 했다.

신 21:23 그 시체를 나무 위에 밤새도록 두지 말고 그 날에 장사하여 네 하나님 여호와께서 네게 기업으로 주시는 땅을 더럽히지 말라 나무에 달린 자는 하나님께 저주를 받았음이니라

갈 3:13 그리스도께서 우리를 위하여 저주를 받은 바 되사 율법의 저주에서 우리를 속량하셨으니 기록된 바 나무에 달린 자마다 저주 아래에 있는 자라 하였음이라

그런데 이 구약의 저주가 신약에 오면 어떻게 바뀌는가? 똑같이 나무에 달리는 사건이었지만 예수가 나무에 달리는 사건으로 인해 온 인류가 구원에 이르는 축복을 받았다! 이것이 십자가를 통과할 때 나타나는 놀라운 반전이다. 반전의 십자가! 한민족의 한? 전쟁 때문에 형성된 한의 정서는 저주지 축복이 아니다. 그러나 백 년 전 이 땅에 복음이 들어오고 그 복음의 렌즈를 통해 민족의 역사가 재해석되기 시작했을 때, 이 한이라는 저주는 오히려 다른 민족을 체휼하고 기도할 수 있는 중보의 강력한 축복이 된 것이다! 그렇다! 고통당해본 사람만이 고통받는 자를 위해 중보할 수 있다.

히 2:18 그가 시험을 받아 고난을 당하셨은즉 시험받는 자들을 능히 도

우실 수 있느니라

　사탄이 막아버린 우물, 민족의 저주처럼 여겨지던 슬픈 역사, 이
저주 같던 민족의 한이, 복음이 이 땅에 들어오고 십자가의 생명이
역사하기 시작했을 때, 오히려 열방을 위해 중보하는 민족의 데스티
니를 이루는 놀라운 동력이 될 줄이야!

　이것이 복음이고, 이것이 십자가다. 저주를 축복으로 바꾸는 생명
의 능력! 깊도다. 십자가의 지혜여!

12 룻 2 ; 만남의 원리

하나님이 만나게 하시는 사람들

룻기가 주는 영적 잉태와 출산에 대한 두 번째 원리는 '만남의 원리'이다. 룻이 오벳을 낳기 위해서는 반드시 보아스를 만나야 했다. 하나님이 우리 삶을 통해 무언가를 잉태하고 낳게 하시는 방법이 있는데, 그것은 '만남'을 통해서다. 다윗은 사무엘을 만나서 왕의 데스티니를 이루었고, 엘리사는 엘리야를 만나서 선지자의 유업을 남기게 되었다. 베드로는 예수님을 만나서 사도가 되었고, 사도 바울은 아나니아를 만나서 눈을 뜨게 되었다. 요셉은 술 맡은 관원장을 만나서 애굽의 총리가 되었고, 룻은 보아스를 만나서 오벳을 낳았다. 우리의 데스티니를 이루기 위해 하나님이 어떻게 일하시는지 보이는가? 우리의 데스티니의 길을 여시는 데 하나님이 사용하시는 방법이 만남이다. 사람을 통해 그 일을 하신다. 인생을 통해 무엇인가를 잉태하고 낳기 위해서는 누구를 만나느냐가 중요하다.

룻의 인생을 묵상해보라. 모압에서 태어나 아무 소망 없이 살다가 죽어갈 여인이 말론이라는 이스라엘 백성을 만나 하나님의 백성이 된다. 말론의 죽음과 기근으로 다시 묻혀버릴 것 같던 룻의 인생이 이번에는 보아스를 만나 오벳을 낳고 다윗의 조상이 되어 성경에 기록되는 영광에 이른다. 이 모든 이야기의 구석구석에 '만남', 하나님께서 만나게 하시는 사람들이 있다. 룻의 인생에 말론을 두시고, 나오미를 두시고, 보아스를 두시고, 그래서 오벳을 낳게 하신 이것이 하나님의 계획이었다.

오늘날도 마찬가지다. 당신의 인생 가운데 하나님이 하시는 일을 보기 원하는가? 그렇다면 하나님께서 당신의 인생 가운데 누구를 보내셨는지 주목해보라. 그 만남을 통해 하나님은 당신의 이야기를 써 내려가실 것이며, 그 만남 가운데 당신은 오벳을 안게 될 것이다. 만남을 소중히 여기고 감사하라. 거기에 당신의 데스티니가 있기 때문이다.

사망을 잉태케 하는 만남

모든 만남이 꼭 오벳을 낳는 축복을 잉태하는 만남은 아니다. 어

떤 만남은 그야말로 '잘못된 만남'도 있다. 세상에는 세 종류의 만남
이 있다.

(1) 나오미와 모압의 만남

첫 번째 종류의 만남은 나오미와 모압의 만남이다. 나오미와 모
압의 만남은 사망을 잉태케 하는 만남이었다. 나오미의 가족들은
먹고살기 위해 모압으로 갔다. 하지만 이들을 기다리고 있던 것은
사망이었다. 나오미와 모압의 만남은 문자 그대로 사망을 잉태케
하는 만남이었다. 남편도 죽고 첫째 아들도 죽고 둘째 아들도 죽었
다. 이 만남은 없었어야 할 만남이다.

성경에는 사망을 잉태케 하는 만남 때문에 데스티니가 파괴되어버
린 수많은 이야기가 등장한다. 대표적인 예가 삼손과 들릴라다. 이
여인과의 만남은 삼손 인생에서 없었어야 했다. 이 잘못된 만남으로
사사 삼손의 데스티니는 비참하게 파괴되어버렸다.

사람은 하나님의 형상으로 지음 받은 존재이기에, 하나님과의 만
남이 중요한 것처럼 하나님의 형상으로 지음 받은 사람과의 만남 역
시 인생에 중요한 영향을 미친다. 우리의 데스티니를 이루기도 하고
파괴하기도 하는 것이 사람들과의 만남이다. 하나님의 형상이 회복
된, 하나님을 닮은 사람과의 만남은 우리 인생에 축복을 잉태케 하
지만, 반대로 죄로 인해 하나님의 형상에서 멀어진 사람과의 만남은
멀어진 그 거리만큼 우리 인생에 부정적인 열매를 잉태케 한다. 들릴

라는 바로 그런 사람이었다.

아합과 이세벨의 만남 또한 사망을 잉태케 하는 만남이었다. 아합의 인생 최대 비극은 이세벨을 만난 것이다. 이세벨과의 만남 때문에 아합은 하나님과 원수가 되었고 구약에서 가장 극악한 왕으로 평가받는 저주의 유업을 남겼다. 만약 아합이 이세벨이 아니라 룻이나 한나 같은 믿음의 여인을 만났다면 아합의 인생이 어떻게 되었을까? 분명 '이세벨의 아합'과는 전혀 다른 인생, 전혀 다른 열매를 낳았을 것이다.

다윗의 모사였다가 압살롬의 반란에 참여했던 아히도벨과 압살롬의 만남도 이런 만남이었고, 발람과 발락의 만남도 이런 만남이었다. 기억하라. 우리 인생에는 사망을 잉태케 하는 만남, 만나지 말아야 할 만남들이 있다.

(2) 만남의 원인 - 허락되지 않은 것을 얻고자 하는 욕심

그렇다면 어떤 만남이 사망을 잉태하는 만남일까? 사망을 잉태케 하는 만남에는 공통점이 있다. 그것은 모두 욕심에 이끌린 만남이라는 것이다. 무언가를 얻고자 하는 욕심. 특히 하나님이 내 인생 가운데 허락하지 않으신 그 무엇을 얻고 싶어 하는 욕심에 의한 만남이었다. 삼손이 들릴라를 만난 것은 허락되지 않은 이방 여인을 얻고자 하는 욕심에 의한 만남이었고, 아합이 이세벨을 만난 것은 허락되지 않은 정치적 욕심에서였다. 아히도벨이 압살롬을 만난 것은 허락되지 않은 권력을 얻기 위한 욕심 때문이었고, 발람이 발락을 만난 것은 허락되지 않은 돈에 대한 욕심 때문이었다.

우리 인생도 마찬가지다. 어떤 만남이 사망을 잉태하는 만남인가? 그것은 하나님이 우리 인생에 허락하지 않으신 것을 욕심으로 얻기 위한 만남이다. 이런 만남은 반드시 사망을 잉태한다.

성경은 이야기한다.

약 1:15 욕심이 잉태한즉 죄를 낳고 죄가 장성한즉 사망을 낳느니라

돈에 대한 욕심이든, 권력에 대한 욕심이든, 아니면 정욕이든, 욕심에 의한 만남은 결국 사망을 잉태케 하는 만남이 된다. 이런 만남은 반드시 피해야 한다.

아무것도 잉태치 못하는 만남

두 번째 종류의 만남은 아무것도 잉태치 못하는 만남이다. 우리가 주변에서 경험하는 수많은 만남들이 이 범주에 속하는 만남이다. 만나나 안 만나나 별 차이가 없는 만남이 이런 만남이다. 매일 스치듯 지나치는 사람들, 피자 가게 아저씨, 잠깐 몸담았던 직장 동료, 잠시 거쳐간 교회 사람들이 이런 만남들이다.

(1) 룻과 나오미

그런데 이 두 번째 종류의 만남에는 한 가지 비밀이 있다. 그것은 이 두 번째 종류의 만남은 우리의 선택과 결정에 따라 다른 종류의 만남으로 바뀔 수 있다는 것이다. 나오미의 두 며느리 룻과 오르바에게 있어서 시어머니 나오미와의 만남이 이런 종류의 만남이었다. 남자들이 다 죽고 난 후, 룻과 오르바에게 나오미는 잉태케 할 능력이 있는 사람이 아니었다. 나오미 스스로도 그렇게 고백한다.

> 룻 1:11 나오미가 이르되 내 딸들아 돌아가라 너희가 어찌 나와 함께 가려느냐 내 태중에 너희의 남편 될 아들들이 아직 있느냐

말론과 기룐이 죽는 순간 나오미는 룻과 오르바에게 아무것도 아니었다. 더 이상 이들의 인생에 무언가를 잉태케 할 수 있는 사람이 아니었다. 이것을 깨달은 오르바는 나오미와의 관계를 정리한다. 그리고 그 결과 나오미는 오르바의 인생에 있어 정말 아무것도 잉태케 하지 못하는 사람이 되었다. 그런데 룻은 다른 선택을 한다. 룻은 이 무의미해 보이는 만남을 포기하지 않고 거기에 뭔가 마음을 두고 인생을 투자한 것이다. 그리고 그 결과 이 의미 없어 보이던 만남이 룻의 데스티니를 이루는 중요한 만남으로 바뀌었다.

(2) 예수님의 방법

이것을 가장 잘하셨던 분이 예수님이다. 예수님은 의미 없어 보이는 갈릴리 호수의 평범한 어부들과의 만남을 인류 역사를 바꾸는 일생일대의 특별한 만남으로 바꾸셨다. 이 만남을 통해, 예수님은 제자들을 키우시는 예수님 자신의 데스티니뿐 아니라 사람을 낚는 어부가 되는 제자들의 데스티니를 이루셨으며, 나아가 인류 역사를 바꾸는 위대한 만남으로 바꾸셨다. 그 시작은 놀랍게도 그저 매일 만나는 사람들이었다. 갈릴리 호숫가의 평범한 어부, 거리에서 세금을 걷던 세리, 나무 밑에서 토론하던 선비, 그냥 어디서나 만날 수 있는 사람들이었다. 예수님의 위대함은 이 평범하고 무의미해 보이는 일상의 만남을 데스티니를 잉태하고 출산하는 특별한 만남으로 바꾸셨다는 것이다.

(3) 사람을 소중히 여겨라

이것이 사람을 통해 하나님을 경험하는 중요한 비결이다. 매일 스치는 사람들, 내 이익관계나 욕심에 의한 만나지 말아야 할 만남 말고, 그냥 내 주위에 주어진 사람들, 이 사람들을 어떻게 대할 것인가? 룻처럼 나오미와의 만남을 흘려보내지 않고 붙잡는 사람, 한 영혼 한 영혼에 대한 관심이 있는 사람, 작은 관계에도 충성됨과 신실함을 보이는 사람, 이 사람은 결국 생각하지 못한 곳에서 오벳을 얻게 될 것이다.

성경은 이야기한다.

> 마 25:34-40 그때에 임금이 그 오른편에 있는 자들에게 이르시되 내 아
> 버지께 복 받을 자들이여 나아와 창세로부터 너희를 위하여 예비된 나
> 라를 상속받으라 내가 주릴 때에 너희가 먹을 것을 주었고 목마를 때
> 에 마시게 하였고 나그네 되었을 때에 영접하였고 헐벗었을 때에 옷
> 을 입혔고 병들었을 때에 돌보았고 옥에 갇혔을 때에 와서 보았느니라
> 이에 의인들이 대답하여 이르되 주여 우리가 어느 때에 주께서 주리신
> 것을 보고 음식을 대접하였으며 목마르신 것을 보고 마시게 하였나이
> 까 어느 때에 나그네 되신 것을 보고 영접하였으며 헐벗으신 것을 보
> 고 옷 입혔나이까 어느 때에 병드신 것이나 옥에 갇히신 것을 보고 가
> 서 뵈었나이까 하리니 임금이 대답하여 이르시되 내가 진실로 너희에
> 게 이르노니 너희가 여기 내 형제 중에 지극히 작은 자 하나에게 한 것
> 이 곧 내게 한 것이니라 하시고

 나오미야말로 정확히 40절이 이야기하는 '지극히 작은 자'가 아닌
가? 남편도 없고 자식도 없고 집도 없고 재산도 없는 이 지극히 작은
사람을 룻은 포기하지 않고 섬기고 돌보고 봉양한다. 무의미할 수
있었던 관계를 의미 있는 관계로 취한 것이다. 이것은 선택이다. 그
리고 이 지극히 작은 자 나오미의 가족이 되겠다는 룻의 선택은 '무
의미한 관계'를 '생명을 잉태케 하는 관계'로 바꾸었다.

이것이 두 번째 종류의 만남에서 우리가 해야 할 일이다. 만남을 무의미하게 흘려보내지 않는 것이다. 모든 만남에 신의를 지키는 것이다. 사람을 이용하거나 배신하지 않고 대신 소중히 여기는 것이다. 그럴 때 이 무의미한 관계가 생명을 잉태케 하는 관계로 바뀐다.

의리? 의리!

롯이 보여주는 데스티니의 원리 중 하나는 분명 '의리'이다. 늙고 쓸모 없어진 나오미를 버리지 않고 끝까지 신의를 지키는 롯을 통해 하나님은 오벳을 선물로 주셨다. 데스티니를 추구하며 간과하기 쉬운 함정이다. 상상해보라. 만약 롯이 오벳을 낳는 것이 자신의 데스티니라는 것을 하나님께 들었다 치자. 그런데 나오미를 따라가면 자식을 낳을 가능성이 전혀 없어 보인다. '내 데스티니가 있는데… 이 여인을 따라가면 안 되겠구나' 이렇게 해서 나오미를 버렸다면 과연 롯의 데스티니는 어떻게 되었을까? 흥미로운 것은 사람의 눈으로 볼 때 나오미를 따라가는 것은 데스티니를 포기하는 길처럼 보였지만, 이 '의리' 있는 선택이 오히려 진짜 롯의 데스티니를 이루는 길이었다는 것이다.

데스티니를 이루는 길은 생각보다 단순하지 않다. 사람의 인생에 대한 이야기인데 어떻게 단순할 수 있겠는가? 만약 누군가가 "3일 만에 데스티니의 모든 것을 완성해드립니다!"라고 광고한다면 믿지 말라. 사기꾼이다. "이것만 따라 하시면 당신의 데스티니를 찾을 수 있고 이룰 수 있습니다"라고 광고한다면 믿지 말라. 자기도 모르는 말을 하고 있는 사람이다. 데스티니의 여정에는 생각지도 못한 지뢰들이 도사리고 있고, 그 길을 가면서 앞을 가늠할 수 없는 수많은 선택지를 골라야 한다. 과연 어느 선택이 나의 데스티니를 이루는 선택일까? 알 수 없다.

인간의 지혜로는 아무리 고민해도 알 수 없는 것이 인생의 정답을 찾는 일이다. 그렇기 때문에 만약 인생의 정답을 찾는 것을 데스티니라고 이해하고 있다면 당신은 틀렸다. 데스티니는 인생의 정답 찾기가 아니다. 데스티니의 본질은 "사람이 되는 것"이다. 예수 그리스도의 형상을 닮은 사람이 되는 이것이 사실은 데스티니의 본질이다. 끊임없이 예수 닮은 사람 되기를 열망하고 선택할 때 구체적인 인생의 길들은 하나님이 열어가신다. 이것이 데스티니의 길이다.

이 기준을 가지고 바라보면 이제 많은 선택들이 훨씬 단순해진다. 어떤 선택이 나의 데스티니를 이루는 선택이냐고? 하나님과 사람 앞에 거리낌이 없는 선택이다. 그 선택을 하고 나서 하나님이 어떤 미소를 지으시는지 확인하고 싶어서 하나님의 얼굴을 한 번 더 쳐다보게 되는 그런 선택이다. 선택을 하고서 하나님이 어떤 표정을 지으실까 두려워 고개를 돌리고 감히 하나님의 표정을 확인하지 못하는 그런 선택 말고, 선택한 다음 힐끗 하나님을 돌아보며 "나 잘했지요?"

라고 미소 지으면 하나님께서 "물론이지!" 하고 환한 미소로 답하실 것이 확실한 그런 선택 말이다. 이것이 당신의 데스티니를 이루는 선택이다.

룻은 나오미를 따르기로 선택하고 그 마음에 아무 거리낌이 없었다. 그러나 오르바는 나오미를 떠나 돌아서면서 얼마나 많은 번민이 있었을까? 어느 선택이 데스티니에 이르는 선택이었는지 우리는 알고 있다. 의리에는 뭔가 비밀이 있다.

생명을 잉태케 하는 만남

마지막으로 세 번째 종류의 만남이 있는데 그것은 룻과 보아스의 만남이다. 이것은 두 번째 종류의 만남과는 또 다르다. 이 만남은 하나님께서 특별히 만나게 하시는 일종의 '거룩한 만남'(divine connection : 디바인 커넥션)이다. 이것은 생명을 잉태케 하는 만남이다.

다윗이 사무엘을 만난 것은 두 번째 종류의 만남과는 다른, 하나님이 계획하신 특별한 만남이었다. 엘리사가 엘리야를 만나고, 다니엘이 믿음의 세 친구를 만나고, 고넬료가 베드로를 만나고, 디모데가 바울을 만난 것은 모두 디바인 커넥션이었다. 배우자와의 만남, 영적 멘토와의 만남, 평생을 함께할 영적 동역자와의 만남 등은 모두 하나님이 계획하신 디바인 커넥션이다. 하나님은 이 특별한 만남을 통해 잉태하고 출산하는 우리의 데스티니를 이루어가신다.

이 만남은 어디서 일어날까? 마냥 기다리기만 하면 우리 인생에도 어느 날 사무엘이 찾아와 기름을 붓는 디바인 커넥션이 생길까? 우리 인생 가운데 만나게 되는 수많은 만남들 중 어느 것이 진짜 디바인 커넥션인지 어떻게 알아볼 수 있을까? 물론 룻과 보아스의 만남은 하나님의 주권적인 영역에 속한 만남이기에 우리가 인위적으로 조작할 수는 없다. 그러나 이 만남이 일어나기 위한 조건들이 있는데, 이 조건들을 만족시키는 것은 우리의 책임이다.

(1) 약속의 땅에 거하라

첫째, 룻이 보아스를 만날 수 있었던 이유는 디바인 커넥션이 일어나는 곳에 있었기 때문이다. 보아스와의 만남은 아무 데서나 일어나는 것이 아니다. 우리가 보아스를 만나는 곳은 모압이 아니다. 약속의 땅이다. 모압에서 아무리 기다려도 보아스는 나타나지 않는다. 당신 인생의 보아스를 만나는 곳, 디바인 커넥션이 이루어지는 곳은 하나님이 당신에게 있으라고 명하신 바로 그 약속의 땅이다. 먹고 살기 위해 약속의 땅을 떠나 가지 말아야 할 곳으로 갔을 때, 나오미를 기다리고 있던 것은 사망을 잉태케 하는 만남뿐이었다.

우리 인생에는 하나님의 총애가 있어야 한다. 거기로 가면 성공이 보장될 것 같고 반드시 뭔가 이루어질 것 같은가? 그러나 약속의 땅을 떠나 모압으로 가보라. 절대로 생각처럼 이루어지지 않는다. 잠시 잠깐은 좋아 보일 수 있다. 그러나 결국 사망을 잉태케 된다. 먼저 우리 영이 사망에 이른다. 하나님으로부터 점점 멀어지고 영적인 감각이 무뎌지기 시작한다. 인간은 영적인 존재이기 때문에 영적으로 무너지면 삶의 다른 부분들도 결국 무너진다.

그러나 모압이 아니라 하나님이 두신 곳, 이스라엘에 있을 때 그곳에는 하나님의 도우시는 손길이 있다. 룻기를 보면 룻이 보아스를 만날 때 반복적으로 사용되는 단어들이 있다. 그것은 '우연히'(2:3), '마침'(2:4)과 같은 단어들이다. 룻이 이삭을 주우러 가는데 '우연히' 보아스의 밭에 이른다. 우연히 보아스의 밭에서 이삭을 줍는데 '마침' 보아스가 나온다. 왜 그때 마침 보아스가 거기에 나왔을까? 왜 많고 많은 밭 중에 룻은 '우연히' 보아스의 밭에 이르렀을까? 이것이 진짜 '우연'이고 '마침'처럼 보이는가? 우리 인생의 중요한 고비마다 이 거룩한 '우연'과 거룩한 '마침'이 도사리고 있는 것을 보게 된다. 이것이 하나님의 계획이고 하나님의 총애다. 생각하지 않았던 일들을 하나님께서 그냥 행하시는 것이다. 그래서 나의 나 된 것은 모두 하나님의 은혜다.

이 일이 어디서 일어나는가? 그렇다. 이스라엘! 모압이 아니라 약속의 땅에서 일어난다. 그러므로 하나님이 당신을 두신 곳에 거하라. 나의 약속의 땅, 그곳에 가야 보아스를 만난다.

(2) 사람들의 마음을 사로잡는, 뭔가 다른 것이 있다

룻이 보아스를 만날 수 있었던 두 번째 이유는 룻에게 다른 사람들과 다른 어떤 것이 있었기 때문이다. 보아스가 왜 룻에게 반했을까? 보아스가 우연히 룻을 봤다고 해서 룻과 보아스의 만남이 디바인 커넥션이 되는 것은 아니다. 보아스가 그냥 '아, 어떤 가난한 여인이 우리 밭에서 이삭을 줍는구나' 하고 넘어갔으면 아무 일도 일어나지 않았다. 룻에게 보아스와의 만남이 디바인 커넥션이 될 수 있었던 것은 보아스가 룻에게 관심을 가졌기 때문이다. 그렇다면 왜 보아스가 룻에게 관심을 가졌을까? 처녀도 아닌 과부에 그렇다고 부자는 더더욱 아니다. 게다가 이방 여인이다. 당시 이방인을 사람 취급조차 하지 않던 유대 문화를 생각한다면 도무지 보아스가 룻에게 반할 이유가 없다. 그런데 왜 보아스가 룻에게 반했을까?

룻기를 보면 두 가지 이유가 등장한다. 첫 번째 이유는 룻기 2장 5-7절이다.

> 룻 2:5-7 보아스가 베는 자들을 거느린 사환에게 이르되 이는 누구의 소녀냐 하니 베는 자를 거느린 사환이 대답하여 이르되 이는 나오미와 함께 모압 지방에서 돌아온 모압 소녀인데 그의 말이 나로 베는 자를 따라 단 사이에서 이삭을 줍게 하소서 하였고 아침부터 와서는 잠시 집에서 쉰 외에 지금까지 계속하는 중이니이다

사람들이 보아스에게 룻을 소개하기를, 아침부터 와서 쉬지도 않고 지금까지 일한다는 것이다. 룻에게는 다른 사람들과는 다른 어떤 것이 있었다. 그것은 충성됨이었다. 이 충성됨이 사람들을 감동시켰다. 여기에 만남의 비밀이 있다. 의미 있는 만남은 내가 유력한 사람을 쫓아다닌다고 이루어지는 것이 아니다. 아무리 유력한 사람이 내 곁에 있어도 그 사람이 내게 관심을 보이지 않으면 무슨 소용이 있는가? 빌 게이츠와 같은 아파트에 살아도 그 사람이 내게 관심을 보이지 않으면 그건 아무것도 아니지 않는가?

만남의 비밀은 사람들의 마음을 사로잡는 '다름'에 있다.

"어? 저 사람은 뭔가 다르네? 다른 사람들은 다 요령껏 쉬어가면서 일하는데 저 사람은 왜 저렇게 충성되게 일할까?"

"저 사람은 왜 저 상황에서도 화를 안 낼까?"

"저 사람은 왜 저 상황에서 손해를 볼까?"

"저 사람은 저 상황에서도 다른 사람 생각을 먼저 하네?"

이런 것 말이다. '저 사람은 왜 다를까? 알고 싶고 가까이하고 싶다…' 이 마음을 줄 수 있어야 한다. 사람들에게 이 마음이 들도록 하는 것이 거룩한 만남을 경험하는 사람들의 특징이다. 다시 말해 내가 접근하는 것이 아니라 사람들이 접근해 오는 것이다. 왜? 뭔가 향기가 나니까!

룻에게는 사람들의 눈을 사로잡는 뭔가가 있었다.

'아침부터 나와서 쉬지 않고 일하는 이방 소녀, 시어머니를 봉양한다고 나와서 이 더운데 무시당하면서도 한마디 불평도 없이 아침부터 이삭을 줍고 있는 저 소녀가 도대체 누구냐? 저 소녀가 도대체 누군데 저렇게 할 수 있는 거냐?'

이것이 보아스가 룻을 주목한 이유이다. 그리스도인에게 하나님의 디바인 커넥션이 일어나는 것은 뭔가 다른 것이 있을 때다. 남들은 다 속여도 속이지 않는 정직함, 남들은 다 요령껏 하는데 요령 피우지 않는 성실함, 남들은 다 자기 이익부터 챙기는데 다른 사람을 먼저 배려하는 따뜻함, 사람들이 볼 때 '어? 저거는 뭐지?' 이 마음이 들게 하는 뭔가가 있는 것이다. 그럴 때 당신의 보아스가 당신에게 눈길을 주기 시작할 것이다. 그러니까 다르게 살라. 튀라는 이야기가 아니라 예수 닮은 그리스도인답게 살라는 것이다.

성경은 이렇게 이야기한다.

> 빌 4:8,9 끝으로 형제들아 무엇에든지 참되며 무엇에든지 경건하며 무엇에든지 옳으며 무엇에든지 정결하며 무엇에든지 사랑 받을 만하며 무엇에든지 칭찬 받을 만하며 무슨 덕이 있든지 무슨 기림이 있든지 이것들을 생각하라 너희는 내게 배우고 받고 듣고 본 바를 행하라 그리하면 평강의 하나님이 너희와 함께 계시리라

무엇에든지 참되고 무엇에든지 경건하며 무엇에든지 옳으며 무엇에든지 정결하고 무엇에든지 사랑받을 만하고 무엇에든지 칭찬받을

만하게 행동하라는 것이다. 그렇게 할 때 평강의 하나님이 당신과 함께하실 것이며, 하나님의 총애가 부어지고, 그 결과 보아스가 당신을 주목하여 보게 되는 만남이 일어나게 될 것이다. 이것이 만남의 비결이다.

(3) 신의를 지켜 나오미를 섬길 때 보아스를 만나다

룻이 '사람의 축복'을 누린 세 번째 이유는 관계의 충성됨 때문이다. 다시 말해 '의리' 때문이다. 룻은 손익에 따라 관계를 맺고 끊는 그런 사람이 아니었다. 한 번 관계를 맺으면 그것을 끝까지 유지했다. 룻은 언약 관계가 무엇인지 알았던 여인이다. 이것이 룻이 '만남의 축복'을 누릴 수 있었던 세 번째 비결이었다.

룻이 나오미를 따르기로 결정하고 나오미와 함께 베들레헴으로 돌아왔을 때 베들레헴에서 이들을 기다린 것은 화려한 삶이 아니었다. 생각해보라. 나오미와 룻은 거지가 되어 베들레헴에 빌어먹으러 온 것이지 금의환향한 것이 아니었다.

> 룻 1:21,22 내가 풍족하게 나갔더니 여호와께서 내게 비어 돌아오게 하셨느니라 여호와께서 나를 징벌하셨고 전능자가 나를 괴롭게 하셨거늘 너희가 어찌 나를 나오미라 부르느냐 하니라 나오미가 모압 지방에서 그의 며느리 모압 여인 룻과 함께 돌아왔는데 그들이 보리 추수 시작할 때에 베들레헴에 이르렀더라

나오미의 비통한 심정이 읽혀지는가? 나는 이 말씀을 읽으면서, '야, 이때 나오미에게 룻까지 없었더라면 나오미가 진짜 힘들었겠다' 라는 생각이 들었다. 남편도 아들도 다 죽었다. 가족이라고는 아무도 없다. 베들레헴에 돌아왔지만 집도 없고 돈도 없고 아무것도 없다. 그런 나오미 곁에 룻마저 없었다면 아마 나오미는 자살하지 않았을까? 나오미에게 정말 감사한 것은 그래도 그 옆에 이 어려움을 함께 나누며 의지할 한 사람이 있었다는 것이다. 그 한 사람, 룻이 있었다. 맞다. 나오미에게 룻은 바로 '그 한 사람'이었다.

오늘날 우리 사회에 수많은 사람들이 죽음과 절망으로 내몰리는 이유는 바로 '그 한 사람'이 없기 때문이다. 그렇지 않은가? 룻과 같은 이 한 사람만 있으면 생명이 살 수 있다. 그리스도인이란 바로 오갈 데 없는 나오미에게 '그 한 사람'이 되어주는 것이다. 왜냐하면 그것이 이 땅에서 우리의 영원한 스승이신 예수께서 사셨던 방식이기 때문이다. 그리고 이것이 교회의 본질이다. 서로에게 '그 한 사람'이 되어주기 위한 공동체가 바로 교회다.

언약이 무엇인지 아는 룻의 '의리'가 보아스가 룻에게 반한 두 번째 이유였다.

> 룻 2:10,11 룻이 엎드려 얼굴을 땅에 대고 절하며 그에게 이르되 나는 이방 여인이거늘 당신이 어찌하여 내게 은혜를 베푸시며 나를 돌보시나이까 하니 보아스가 그에게 대답하여 이르되 네 남편이 죽은 후로

네가 시어머니에게 행한 모든 것과 네 부모와 고국을 떠나 전에 알지

못하던 백성에게로 온 일이 내게 분명히 알려졌느니라

보아스가 왜 룻에게 반했을까? 룻이 나오미에게 한 것을 본 것이다. 룻이 나오미의 '그 한 사람'이 되어준 것을 본 것이다. 이것을 보고 보아스의 마음이 움직였다.

'아, 이 여자라면 괜찮겠구나! 이 여자는 이익이 될 것 같으면 바싹 다가왔다가, 단물 빠지면 헌신짝처럼 버리는 그런 여자가 아니구나. 내가 늙어도 박대하지 않겠구나.'

이 감동이 보아스에게 있었던 것이다. 당신이 나오미에게 하는 것을 사람들이 보고 있다. 이것이 디바인 커넥션의 열쇠다. 디바인 커넥션은 내게 도움이 될 왕자님을 찾는 것이 아니다. 내게 오벳을 낳아줄 보아스가 누구인지 아무리 찾아도 소용없다. 보아스를 만나기 원하는가? 그렇다면 나의 도움과 섬김이 필요한 나오미와 함께해야지, 보아스를 찾아다닌다고 되는 것이 아니다. 룻은 정신없이 보아스를 찾아 헤맨 여인이 아니었다. 룻은 그저 나오미를 섬기고 있었다. 신의를 가지고 나오미에게 '그 한 사람'이 되어주고 있었다. 그래서 먹을 것을 구하러 나갔다가 보아스를 만난 것이지 보아스를 찾아 헤매지 않았다. 이것이 열쇠다. 보아스는 나오미와 함께할 때 그냥 만나게 되는 것이다. 소문을 듣고 찾아오는 것이다.

당신의 보아스가 지금 당신의 소문을 듣고 있을까? 어떤 소문을

듣고 있을까? 당신의 삶은 주위 사람들에게 감동을 주는 삶인가, 아니면 불쾌감을 주는 삶인가? "사람이 저러면 안 되지… 은혜를 알아야지…" 이런 평판을 얻고 있다면 보아스는 요원하다. 보아스가 그런 사람에게 접근할 리 없다. "나는 감동을 주는 사람인가?" 이것이 디바인 커넥션의 열쇠다. 기억하라. 사람들은 당신이 나오미에게 하는 것을 보고 있다. 그리고 그 행동이 올바를 때, 당신을 보고 있던 사람들이 당신을 보아스에게 인도해줄 것이다. 디바인 커넥션을 원한다면 오늘 내게 보내주신 나오미를 붙좇으라. 외로운 나오미의 '그 한 사람'이 되어라. 당신 주위를 둘러보라. '그 한 사람'을 찾고 있는 나오미가 보이지 않는가?

하나님이 내게 가르쳐주신 지혜가 있다. 그것은 "내가 어려움에 처했을 때는 예배를 배우는 때이고, 어려움에 처한 사람을 보게 될 때는 사람을 얻을 때이다"라는 것이다. 당신이 신의를 가지고 도와준 그 사람이 꼭 당신의 보아스는 아니더라도, 사람들은 당신이 나오미에게 하는 것을 보고 당신에게 보아스를 소개시켜 줄 것이다. 이것이 인생의 비결이다.

룻기 2장 1절을 보라. 룻이 나오미를 선택하자 바로 보아스가 등장한다. 이것이 하나님이 하시는 일이다. 나오미에게 '그 한 사람'이 되어라. 그러면 하나님께서 '우연히' '마침' 보아스를 보내주실 것이다! 이것이 디바인 커넥션의 원리다.

언약 관계를 통해 오벳을 낳다

룻기는 오벳을 낳는 이야기다. 자식을 낳기 위해서는 당연히 배우자를 만나야 한다. 그리고 결혼이라는 언약 관계를 통해서 이 땅에 자식이 태어난다. 이 원리는 많은 상징적 메시지를 주고 있다. 그것은 룻이 보아스와의 언약적 관계를 통해 그녀의 데스티니인 오벳을 출산하였듯이, 모든 데스티니는 언약적 관계를 통해 출산된다는 것이다.

하나님이 만남을 통해 하나님의 데스티니를 이루어가신다는 것은 단순히 도와줄 사람을 만나게 하신다는 의미가 아니다. 그것은 이 땅을 창조하시고 다스리시는 하나님의 성품과 연결되어 있는 아주 본질적인 것인데, 바로 언약 관계다. 만남을 통해 데스티니를 출산하는 것은 서로에게 '그 한 사람'이 되는 언약 관계를 통해서지, 그냥 하룻밤 만난 남자를 통해서가 아니다. 언약 관계란 책임지는 관계이며, 서로에게 헌신하는 의리 있는 관계를 의미한다. 이익을 위해 서로를 이용하는 관계가 아니라 서로를 위해 자신을 희생하고 드리는 관계다. 그렇기 때문에 언약 관계는 십자가를 중심으로 이루어진다. 이 언약 관계를 통해 하나님은 우리를 구원하셨고, 이 언약 관계를 통해 우리를 사랑하시며, 이 언약 관계를 통해 교회를 만드셨다.

그래서 룻기의 주제는 한 만남에 충성된 것이다. 나오미와의 만남을 깨지 않는 룻, 보아스의 밭에서 일하게 되었을 때 다른 밭으로는 가지 않는 룻, 보아스와의 결혼을 통해서 영원히 보아스와 하나가 되는 룻. 이것이 결국 오벳의 탄생으로 이어진다. 오벳의 출산을 위해 중요한 것은 관계를 깨지 않는 것이다. 한 만남에 충성된 것이다.

룻도 오르바처럼 다른 길을 선택할 수 있었다. 관계를 깰 것인지 말 것인지는 자신이 선택하는 것이다. 깨지 않겠다는 선택이 있어야 한다. 그런데 이것이 생각보다 쉽지 않다. 당신이 나오미와 함께하다 보면 그 관계를 깰 수밖에 없고, 깨는 것이 합당해 보이는 수많은 이유들이 생길 것이다. 누가 봐도 룻이 나오미를 따르는 것은 말이 안 돼 보였다. 오르바야말로 현명하고 현실적인 사람 같다. 반드시 깨질 수밖에 없어 보이는 이유들이 생긴다. 그것이 오늘날 부부들이 이혼하는 이유이며 교회들이 깨어지는 이유이기도 하다.

오벳을 낳기 위해서, 우리의 데스티니를 출산하기 위해서 우리는 이 벽을 넘어야 한다. 그것은 결단에서 시작되며 그 결단은 십자가의 결단이다. 그 한 사람이 되는 결단! 이것을 통해 당신도 보아스를 만나며, 당신도 오벳을 출산하기를 축복한다.

13 데스티니에는 축복이 필요하다

데스티니의 축복자

눈치가 빠른 독자라면 룻기에서 알았을 것이다. 그렇다. 데스티니는 혼자서 이루어가는 것이 아니다. 보아스가 아니면 룻의 데스티니는 이뤄질 수 없었다. 요나단이 없으면 다윗의 데스티니는 이루어지지 않으며, 바울이 없이는 디모데도 없다. 모르드개가 없는 에스더를 상상할 수 없고, 엘리야가 없다면 엘리사의 데스티니 역시 이루어질 수 없었다. 우리의 데스티니는 서로서로 긴밀하게 얽히고설켜 있다. 그런 의미에서 데스티니는 개인적이기보다는 공동체적이다.

이번 장에서 다룰 데스티니에 대한 내용은 서로 얽히고설킨 데스티니의 실타래에 대한 이야기다. 나의 데스티니를 이루고 싶은가? 그렇다면 다른 사람의 데스티니가 이루어지도록 돕는 자가 돼라.

왜냐하면 당신의 데스티니와 그 사람의 데스티니는 서로 분리할 수 없도록 얽혀 있기 때문에, 그 사람의 실타래를 풀어주지 않고는 당신의 실타래도 풀리지 않는다. 빨간 실과 파란 실이 뒤엉켜 있는 실타래에서 파란 실을 개의치 않고 빨간 실만 풀어내려고 하는 것이 어리석은 일인 것처럼, 당신의 데스티니는 당신 혼자만의 것이 아니다.

타인의 데스티니 실타래를 풀어주는 것을 '축복'이라 부르는데 우리에게는 적어도 두 종류의 축복이 필요하다. 그것은 '아비의 축복'과 '형제의 축복'이다. 데스티니의 실타래를 푸는 축복에 대해 살펴보자.

> 창 27:18,19 야곱이 아버지에게 나아가서 내 아버지여 하고 부르니 이르되 내가 여기 있노라 내 아들아 네가 누구냐 야곱이 아버지에게 대답하되 나는 아버지의 맏아들 에서로소이다 아버지께서 내게 명하신 대로 내가 하였사오니 원하건대 일어나 앉아서 내가 사냥한 고기를 잡수시고 아버지 마음껏 내게 축복하소서

> 창 27:28-30 하나님은 하늘의 이슬과 땅의 기름짐이며 풍성한 곡식과 포도주를 네게 주시기를 원하노라 만민이 너를 섬기고 열국이 네게 굴복하리니 네가 형제들의 주가 되고 네 어머니의 아들들이 네게 굴복하며 너를 저주하는 자는 저주를 받고 너를 축복하는 자는 복을 받기를 원하노라 이삭이 야곱에게 축복하기를 마치매 야곱이 그의 아버지 이

삭 앞에서 나가자 곧 그의 형 에서가 사냥하여 돌아온지라

하나님은 하나님의 축복뿐 아니라 우리가 누군가 다른 사람의 축복을 통해 하나님의 데스티니를 이루어가도록 창조하셨다. 부모의 축복을 통해 우리가 태어나 자라가며, 엘리야의 축복을 통해 엘리사가 세워지고, 사무엘의 축복을 통해 다윗이 왕이 된다. 모르드개의 축복을 통해 에스더가 일어나고, 심지어 예수님조차 침례(세례) 요한의 축복을 통해 예수님 자신의 데스티니를 시작하셨다.

우리 모두 누군가의 축복을 통해 우리의 데스티니를 이루어가도록 지음 받았다. 야곱은 이 사실을 잘 알고 있었다. 야곱은 이삭의 축복이 없이는 자신의 데스티니 실타래가 풀어질 수 없다는 것을 알았기 때문에, 사기를 치면서까지 아버지 이삭의 축복을 받으려고 했다. 반면 에서는 그것을 몰랐다. 에서는 다른 사람의 축복에는 별 관심이 없었다. 그 결과 에서의 데스티니 실타래는 계속 얽혀 있었다.

모든 사람에게는 그의 데스티니 실타래를 축복하여 풀어줄 축복자가 있다. 야곱이 왜 꼭 이삭의 축복을 받아야 했을까? 이삭이 안 해주면 엄마 리브가에게 받으면 안 되었나? 아니면 친구에게 해달라고 하든지. 그런데 야곱은 그렇게 하지 않았다. 야곱은 반드시 이삭의 축복을 받아야 했다. 야곱의 데스티니를 풀어줄 사람은 다른 사람이 아닌 바로 이삭이었기 때문이다. 예수님의 데스티니를 이루기 위해서는 침례 요한이 필요하고, 다윗에게 사무엘이 필요하듯이, 각

사람에게는 하나님이 마련해두신 축복자가 있다. 물론 그 외 다른 사람들의 축복이 의미가 없다는 것은 아니다. 모든 축복은 의미가 있다. 모든 축복에는 능력이 있다. 그럼에도 불구하고 우리가 꼭 축복을 받아야만 하는 그런 사람이 있다. 야곱에게 필요한 축복은 '이삭의 축복'이었지 다른 아무나의 축복이 아니었다.

아비의 축복이 필요하다

우리 데스티니의 실타래를 풀어줄 축복자는 첫째 아비다. '아비'란 육신의 아비만을 의미하는 것은 아니다. 사무엘은 다윗의 육신의 아비가 아니었고 엘리야도 엘리사의 육신의 아비가 아니었다. 아비란 '권위'를 가진 사람을 의미한다.

하나님은 모든 사람을 누군가의 권위 아래 두시고 그 권위 아래서 자라나게 하신다. 가정에서는 아버지의 권위 아래 있게 하셨다. 아내는 남편의 권위 아래 두셨다. 교회에서는 영적 리더 또는 멘토의 권위 아래 두시고, 학교에서는 선생님의 권위 아래 두셨다. 직장에서는 상사의 권위 아래 두셨고, 국민은 국가 지도자들의 권위 아래 두셨다. 하나님이 당신 위에 두신 권위자가 바로 아비다.

당신의 데스티니를 위해서는 하나님이 당신 위에 두신 권위인 아비의 축복이 반드시 필요하다. 아비의 축복이 필요한 이유는 아비의 축복이 자녀의 데스티니를 일깨워주기 때문인데, 단순히 데스티니를 일깨워주는 것을 넘어 실질적인 유업을 물려줌으로 자녀의 데스티니가 그 유업 위에 세워질 수 있게 하기 때문이다. 자녀의 데스티니는 아비의 유업을 물려받아 그 위에 세워져야 한다. 자녀는 아비가 이뤄놓은 데스티니 위에 자신의 데스티니를 시작할 수 있는 특권이 있는데, 이것을 유업이라고 부른다. 유업은 축복을 통해서만 전달된다.

야곱이 왜 꼭 이삭의 축복이 필요했냐고? 이삭이 야곱의 아비였기 때문이다. 그렇다면 어떻게 아비의 축복을 받는가? 성경은 아비의 축복을 받기 원한다면, 아비(권위자)를 공경하라고 했다.

> 신 5:16 너는 네 하나님 여호와께서 명령한 대로 네 부모를 공경하라 그
> 리하면 네 하나님 여호와가 네게 준 땅에서 네 생명이 길고 복을 누리
> 리라

이것은 심지어 세상 지도자에게도 해당된다.

> 롬 13:1 각 사람은 위에 있는 권세들에게 복종하라 권세는 하나님으로
> 부터 나지 않음이 없나니 모든 권세는 다 하나님께서 정하신 바라

아비의 축복을 받는 것은 중요한 특권이다. 세상 지도자의 축복

조차 중요하다면 육신의 부모와 영적 지도자의 축복을 받는 것은 말할 필요가 없다. 말라기서 4장에 마지막 때 하나님은 자녀의 마음을 아비에게로 아비의 마음을 자녀에게로 돌이킨다고 하셨다(말 4:5,6). 이 축복이 없이는 어떤 데스티니도 이루어지지 않기 때문이다.

당신은 아비가 있는가? 인생에는 아비가 있어야 한다. 육체의 아비뿐 아니라 영적 아비가 있어야 한다. 내가 존경하고 순종할 존재, 나를 하나님의 이름으로 축복해줄 존재, 내 인생을 그 유업 위에 세움으로 두 배, 세 배로 뻥튀기해줄 축복의 사람! 이 아비의 축복을 야곱처럼 열망하는 사람이 복 있는 사람이다. 그렇게 할 때 놀라운 데스티니가 이루어질 것이다.

반대로 아비를 공경하지 않으면 어떻게 될까? 아비를 비난하고 거역하면 어떻게 될까? 가장 큰 비극은 이럴 때 아비의 유업을 물려받지 못한다는 것이다. 유업이 단절되어버리며 그 결과 자녀들의 데스티니는 얽힌 채 풀어지지 못한다. 아비를 공경하지 않는 세대는 스스로를 저주에 얽어맨 어리석은 세대다.

아비 세대의 성공을 기억하라

그렇다면 오늘날 한국 사회는, 좁게는 한국 교회는 아비 세대의 유업을 물려받는 축복 속에 있을까? 아니면 불행하게도 유업의 계승

이 단절된 비극 속에 있을까? 이것은 우리의 선택이다. 아비를 공경할 것인가, 아니면 아비를 정죄할 것인가?

목회를 하면서 느끼는 것은 오늘날 삶이 참 치열하다는 것이다. 2008년부터 시작된 경제 위기는 아직도 우리의 발목을 잡고 있고 청년들은 취업의 압박 속에서 불안한 미래와 싸운다. 청소년들은 왕따와 자살로 내몰리고 가정은 심각한 관계의 문제를 겪고 있다. 주님을 위해 살고 싶어도 이런 문제들이 우리의 손발을 다 묶고 있는 것이 현실이다. 이런 상황 속에서 교회는 교회대로 한국 교회 역사상 가장 심각한 위기의 시기를 지나고 있다. 부흥? 우리의 간절한 소망이기는 하지만 쉽지 않아 보인다.

시대의 위기를 돌파하는 복음의 능력

복음의 능력이 왜 우리 세대에 잘 나타나지 않을까? 예수께서는 38년 된 병자를 일으키셨고 사도들은 앉은뱅이를 고쳤다. 예수님의 시대뿐만 아니라 복음에는 늘 그 시대의 위기를 돌파하는 능력이 있었다. 일제시대 때 독립운동의 돌파를 주도했던 것이 복음이었고, 6.25전쟁 이후 가난을 돌파한 것이 복음이었고, 80년대 민주화의 과업을 돌파했던 것도 복음이었다. 복음에는 시대의 위기를 돌파하는 능력이 있었고 우리의 아비 세대는 분명 이 복음의 능력을 소유하고 있었다.

50년대, 60년대 한국은 전 세계에서 가장 가난한 나라 중에 하나였다. 이런 나라가 오늘날 선진국 진입을 바라보고 있다는 것은 세계에서도 유례없는 기적이다. 한국은 전쟁으로 모든 산업 인프라가 파괴되었다. 학교도, 병원도, 공장도 아무것도 없었다. 개발도상국가가 그나마 가지고 있던 자원들까지 다 파괴된 것이다. 이런 조건에서 '개발도상국 - 선진국'의 선을 넘은 나라가 있었던가? 단언컨대 없었다. 한국이 유일하다. 그것은 복음의 능력이었다. '한국의 기적'은 때맞춰 일어났던 한국 교회의 영적 부흥과 정확히 그 시기를 함께하고 있다. 거기에는 단순한 경제 논리만으로는 설명할 수 없는 영적인 요인이 분명히 있다.

이 부흥을 인도했던 것이 조용기 목사님을 비롯한 그 세대 목사님들이었다. 윗세대 목사님들이 잘못한 것까지 다 미화하자는 것은 아니다. 그러나 그 세대의 업적까지 다 무시하는 것 역시 올바른 태도가 아니라고 믿는다. 이때의 시대적 과업은 바로 '가난에서의 돌파'가 아니었나! 아무것도 없던 시대에 "할 수 있거든이 무슨 말이냐, 믿는 자에게는 능히 하지 못할 일이 없느니라"(막 9:23)라는 이 믿음 하나 가지고 무식하게 기도하고 돌파했다.

이 시대의 부흥을 이끌었던 집사님, 권사님들이 과연 오늘날 우리보다 그 삶이 수월했을까? 아니 절대 수월하지 않았다. 그럼에도 불구하고 이분들이 기적을 이뤄냈다. 어떻게? 믿음으로! 하나님이 돌파해주실 것이라는 믿음으로! 이 시대 가난의 돌파를 단순히 맘몬 숭배나 기복신앙으로 볼 수는 없다. 왜냐하면 이 시대는 절대 가난의 시대였기 때문이다.

가난의 돌파는 그 시대의 '시대적 전쟁'이었다. 예수께서 말씀하신 '일용할 양식'을 구하는 돌파였고, 조지 뮬러가 기도했던 재정의 필요를 위한 돌파였다. 그런데 패러다임의 유효 기간이 다한 90년대 이후까지 이것이 계속되면서 심각한 부작용들을 낳게 된 것이 사실이다. 이미 충분히 먹고살게 되었는데도 무조건 재정적 축복을 구하는 부작용, 모든 재정적 축복은 하나님의 은혜라고 맹신함으로 한국 교회를 돈에 무릎 꿇게 하는 부작용을 낳는다. 이 부분은 우리가 회개하고 돌이켜야 한다.

그러나 이것을 초창기 가난의 탈피까지 소급 적용하는 것은 잘못이다. 불행하게도 우리가 오늘 이 실수를 저지르고 있는 것은 아닌가? 기복신앙이라는 이름으로 싸잡아 시대 상황을 돌파했던 복음의 능력까지 폐기 처분하지는 않았는가? 폐기 처분된 복음의 능력을 그럴싸한 이론과 프로그램들로 대치하면서 말이다. 우리는 우리의 유업을 잃어버린 것이 아닐까? 시대 상황을 돌파할 수 있는 복음의 능력을 말이다. 이것은 아비를 비난한 반역의 가슴 아픈 결과다.

시대는 돌고 돌아 우리는 또 다른 형태의 시대적 위기를 마주하고 있다. 1990년대, 2000년대에 볼 수 없었던 수많은 삶의 위기들이 쏟아지기 시작했다. 새로운 형태의 재정 위기, 이혼의 문제, 자녀 문제, 젊은이들의 취업 문제, 동성애, 고령화 사회 등 50년대, 60년대와는 또 다른 형태의, 해결책이 보이지 않는 위기들을 대면하고 있다. 그런데 불행하게도 우리는 이 시대의 위협을 돌파할 만한 복음의 능력을 상실해버렸다. 이것이 진짜 위기의 본질이다.

이 상황에서 우리에게 진짜 필요한 것이 무엇일까? 왜 우리는 시대를 돌파했던 복음의 능력이라는 유업을 상실한 것일까? 그 이유 중에 하나는 분명 세대 간의 단절 때문이다. 아비의 축복, 아비로부터 당연히 물려받아야 하는 유업을, 자녀가 부모를 비난하고 손가락질하면서 거부한 것이다. 이 일을 주도했던 것이 내가 속한 소위 민주화 세대라 불리는 386세대다. 회개한다. 우리 세대가 윗세대를 비난하고 손가락질하는 동안, 우리 다음 세대인 지금의 청년 세대는 교회를 떠나버렸다.

아비 세대의 부흥을 기억하라

여호수아서를 보면 아비 세대인 모세가 죽고 여호수아의 세대가 요단강을 건널 때 흥미로운 일이 벌어진다. 요단강을 가르고 걸어서 건너게 하신 것이다. 사실 요단강은 그리 깊은 강이 아니다. 굳이 초자연적으로 요단을 가르고 걸어서 건너게 하시지 않아도 쉽게 건널 수 있는 강이다. 그런데 왜 굳이 요단을 걸어서 건너게 하셨을까?

성경은 이렇게 이야기한다.

수 4:22-24 너희는 너희의 자손들에게 알게 하여 이르기를 이스라엘이 마른 땅을 밟고 이 요단을 건넜음이라 너희의 하나님 여호와께서 요단

물을 너희 앞에서 마르게 하사 너희를 건너게 하신 것이 너희의 하나
님 여호와께서 우리 앞에 홍해를 말리시고 우리를 건너게 하심과 같았
나니 이는 땅의 모든 백성에게 여호와의 손이 강하신 것을 알게 하며
너희가 너희의 하나님 여호와를 항상 경외하게 하려 하심이라 하라

요단을 걸어서 건너게 하신 것은 홍해 사건의 데자뷰라는 것이다.
기억하라는 것이다. 하나님께서 너희에게 어떻게 행하셨고, 하나님
이 애굽에서 무슨 일을 행하셨는지를. 너희 선조에게 행하신 역사가
무엇이고, 너희 선조가 어떻게 애굽을 떠나 홍해를 걸어서 건넜는지
기억하라는 것이다. 하나님이 여호수아 세대에게 기억하라고 한 것
은 선조들의 죄와 실패가 아니었다. 선조들이 광야에서 불평했던 수
치가 아니었다. 하나님이 기억하라고 하신 것은 선조들의 성공이었
다! 선조들의 승리였다! 홍해를 걸어서 건넜던 그들의 감격과 승리!
홍해 속에 바로의 대군을 수장시키셨던 놀라운 하나님의 돌파! 이것
을 데자뷰 하라는 것이다.

사실 모세의 세대는 많은 승리를 경험한 세대가 아니다. 어찌 보
면 모세 세대의 유일한 승리와 성공은 홍해 사건 하나뿐이었다. 나
머지는 모두 불순종하고 불평하고 실패한 이야기다. 그런데 하나
님은 그 수많은 실패들이 아니라 딱 하나 성공한 것, 백 개를 실수
하고 딱 하나 잘했는데 바로 딱 하나 잘한 것을 기억하라고 하신
다! 오늘 우리는 아비 세대에 대해 무엇을 기억하고 있는가? 오늘

우리는 부흥을 이끌었던 윗세대에 대해 무엇을 기념하고 있는가? 그분들의 실패? 물론 있다. 어쩌면 성공보다 실패가 더 많을 수 있다. 그러나 과연 하나님은 우리가 무엇을 바라보고 기념하기를 원하실까? 아비 세대의 실패와 수치일까? 아니면 아비 세대의 성공과 승리일까?

오늘 우리는 요단을 건너 새로운 전쟁을 치러야 한다. 동성애와의 전쟁, 새로운 경제 위기, 가정의 파괴, 젊은 층의 이탈, 교육의 붕괴, 더 강력해진 세속주의까지. 요단을 앞둔 우리에게 하나님께서 아비 세대의 부흥을 기억하라고 하신다!

여의도 광장에서 백만 명이 모여 기도했을 때, 민족 복음화의 기치 아래 캠퍼스에 복음이 들어갔을 때, 세계 선교에 대한 열정으로 십만 명의 선교사를 서원했을 때 아비 세대의 놀라운 승리들이 있었다. 이들의 세대는 헌신을 당연하게 여겼던 세대였다. 집 팔고 논 팔아 교회를 세웠고 복음 안에서 살게 될 자녀들을 위해서라면 뭐든지 했다. 그리고 오늘, 천만 성도를 자랑하던 한국 교회가 불과 한 세대 만에 청년 복음화율 2,3퍼센트를 헤아리는 믿을 수 없는 위기 속에서 다시 요단을 앞에 두고 섰다. 하나님께서 말씀하신다.

"홍해를 기억해라! 내가 행한 일들을 기억해라. 내가 너희 아비 세대에 행한 위대한 기적을 기억해라! 아비 세대가 가난이라는 홍해를 걸어서 돌파했던 부흥을 기억해라! 아무것도 없던 그곳에서 집 팔고 논 팔아 교회를 세우며, 여권도 발급되지 않던 시대에 십만 선교사를 서원하며, 백만 명이 모여 내게 부르짖던 이것을 기억해라!"

지금 우리는 요단을 앞에 두고 있다. 이 시대에 우리는 우리가 돌파하고 싸워야 할 전쟁을 앞두고 있다. 우리 아비들이 가졌던 그 복음의 유업을 다시 찾아와야 하지 않겠는가? 그렇다면 기억하자, 아비 세대의 홍해를. 광야에서 불평하고 실패했던 그들 세대의 실패는 굳이 끄집어내지 않아도 이미 다 알고 있지 않은가? 하나님은 우리에게 그것을 기억하라고 하지 않으시고, 대신 홍해를 기억하라고 하신다. 아비 세대의 수치가 아닌 아비 세대의 성공과 승리를 기억하라고 하신다. 끊어졌던 아비 세대와 자녀 세대가 다시 하나가 될 때, 비로소 우리는 아비 세대의 유업을 물려받게 될 것이다. 시대를 돌파했던 복음의 능력이라는 유업을 말이다. 우리에게는 아비의 축복이 필요하다!

형제의 축복이 필요하다

엡 4:3-6 평안의 매는 줄로 성령이 하나 되게 하신 것을 힘써 지키라 몸이 하나요 성령도 한 분이시니 이와 같이 너희가 부르심의 한 소망 안에서 부르심을 받았느니라 주도 한 분이시요 믿음도 하나요 세례도 하나요 하나님도 한 분이시니 곧 만유의 아버지시라 만유 위에 계시고 만유를 통일하시고 만유 가운데 계시도다 얽힌 데스티니의 실타래를 풀 두 번째 축복은 '형제의 축복'이다. 요나단의 축복을 통해 다윗이 세워지듯이 우리는 형제자매의 축복이 필요하다. 축복이란 단순히 말로 잘되기를 바라는 것 이상인데, 그것은 구체적이고 실제적으로 그 사람이 잘될 수 있도록 내가 가진 무엇인가를 주는 것이다. 이것이 형제의 축복이다. 형제의 축복은 형제가 잘되기를 바라는 것뿐 아니라 그것을 위해 자신의 권리를 양보하는 것이다. 형제의 데스티니를 위해 내가 가진 어떤 것을 양보하고 희생하는 것이다.

요나단이 대표적인 예다. 요나단은 자기가 왕이 될 수 있었다. 왕의 권리는 요나단의 것이었다. 그러나 요나단은 '다윗의 데스티니'를 축복하기 때문에 다윗에게 이 권리를 양보한다. 이것이 형제의 축복이다. 형제의 축복은 "네가 나보다 더 잘되기를 진심으로 바라는" 것이다. 그래서 뭔가 구체적인 것을 형제에게 '주는 것'이다. 왕이 될 권리, 기회, 돈, 무엇이든지 내가 가진 것을 주는 것, 이것이 형제의 축복이다. 이런 축복이 있다고 생각해보라. 정말 복 받은 인생 아닌가? 다윗이 왕의 데스티니를 이루어가기 위해서는 요나단의 축복이 절대적으로 필요했다.

형제의 축복은 진정한 연합과 하나 됨을 이룬다. 반대로 이야기하면 진심 어린 형제의 축복 없이 하나 됨은 일어나지 않는다. 성경은 하나 됨을 힘써 지키라고 이야기한다.

엡 4:3 평안의 매는 줄로 성령이 하나 되게 하신 것을 힘써 지키라

우리의 데스티니?

데스티니에 있어 연합이 중요한 것은, 앞서 이야기했듯이, 데스티니는 서로 얽히고설킨 여러 갈래의 실타래를 함께 풀어가야 하기 때문이다. '너의 데스티니'가 풀어지지 않고는 '나의 데스티니' 역시 풀어지지 않는다. 그런 의미에서 데스티니는 개인적이라기보다는 '공동체적'이다. 나의 데스티니가 무엇인지를 묻기 전에 '우리의 데스티니'가 무엇인지를 물어야 한다. 왜냐하면 '너의 데스티니'가 이루어지지 않으면 '나의 데스티니'도 없기 때문이다.

아내와 결혼했을 때 나는 결혼이라는 '연합'이 무엇을 의미하는 것인지 정확히 몰랐다. 그저 사랑하는 사람과 함께 살 수 있다는 흥분이 전부였다. 그런데 막상 결혼하고 나니 생각보다 풀어야 할 숙제들이 많았다. 가장 중요한 것은 데스티니였다. 나는 어려서부터 교수 외에 내가 다른 일을 하리라고는 생각해본 적이 없었다. 반면 아내는 교사가 되고 싶어 사대를 졸업했다. 미국 유학이라는 선택을 놓고 두 사람의 데스티니가 충돌했다. 교직에 나가고 싶어 하는 아내의 데스티니와 유학을 가야만 하는 나의 데스티니가 말이다.

더 이상 '나의 데스티니'와 '아내의 데스티니'가 따로 존재할 수 없었다. 우리는 너의 데스티니나 나의 데스티니가 아닌 어떻게 하든지 '우리의 데스티니'를 찾아야 했다. 사랑의 열매는 연합이다. 그리고

연합은 필연적으로 데스티니의 융합을 일으킨다. 사랑은 둘이 하나 되게 하는 능력인데, 진정한 하나 됨은 데스티니의 하나 됨을 요구한다. 아내가 나를 축복해주었다. 자신의 데스티니를 양보하고 나의 데스티니 실타래를 함께 풀어주기 시작한 것이다! 아내의 축복을 통해 우리 부부는 미국 유학길에 올랐다.

감사한 것은 2009년 교회에서 대안학교를 시작하게 되었고 아내는 교장선생님이 되었다! 남편을 축복하며 포기했던 교사라는 아내의 데스티니를 하나님은 잊지 않고 계셨고, 생각지도 못한 방법으로 돌려주셨다. 더욱이 대안학교는 아내 혼자만의 직업이 아니라 교회에서 운영하는 학교이기에, 나의 중요한 사역이기도 하다. 결국 아내가 원했던 교사라는 데스티니는 아내의 데스티니를 넘어 '우리 부부의 데스티니'가 된 것이다. 놀랍지 않은가? 목사라는 나의 데스티니 역시 나만의 데스티니가 아닌 우리 부부의 데스티니임을 생각하면, 우리 부부는 나의 데스티니라고 믿었던 교수도 아니고 아내의 데스티니라고 믿었던 교사도 아닌 우리 부부의 데스티니인 '다음 세대를 위한 목회'라는 길을 함께 걷고 있다! 사랑은 연합하게 하고 연합은 '우리의 데스티니'를 만든다.

저 형제가 아니고는 나의 데스티니가 완성되지 못한다

2012년은 나에게 조금 특별한 해였다. 일본, 중국, 프랑스, 미국, 그리고 중동과 이스라엘 등 여러 나라에서 말씀을 전할 기회가 있었는데, 하나님은 가는 곳마다 그 나라의 데스티니를 선포하게 하셨다. 일본을 방문할 때였다. 대부분의 한국 사람들이 그렇듯, 일본에 대한 감정이 좋지 않았던 나는 비행기를 환승한 것 외에는 그때까지 일본 땅을 밟아본 적이 없었다. 처음으로 초청을 받아 일본에 말씀을 전하러 가는 길이었다. 그런데 무슨 말씀을 전해야 할지 아무 생각이 나지 않았다.

'과연 일본 사람들을 대상으로 무슨 말씀을 전해야 할까?'

보통은 집회 며칠 전에 미리 메시지를 준비하는데, 일본 집회는 메시지를 단 한 줄도 준비하지 못했다. 메시지를 준비하려고 애써도 아무 영감도 떠오르지 않았다. 비행기를 타러 공항으로 갔다. 비행기에서 내리면 오후 2시부터 바로 집회를 인도해야 했다. 라운지에 앉아 비행기를 기다리고 있었는데 성령께서 번개처럼 말씀하셨다.

"나는 형제가 함께 드리는 예배를 받기 원한다!"

성경을 펼쳐서 형제들에 대한 이야기를 찾기 시작했다. 가인과 아벨, 야곱과 에서 그리고 요셉과 형제들까지. 하나님이 왜 형제가 함께 드리는 예배를 원한다고 하셨는지 조금은 감이 왔다. 사이좋은 형제가 별로 없었다! 성령께서 계속 말씀하셨다.

"한국의 데스티니는 일본이 없으면 결코 완성되지 못한다. 그것은 일본도 마찬가지다. 일본의 데스티니는 한국이 없이는 불가능하다. 왜냐하면 나는 형제가 함께 드리는 예배를 받기 원하기 때문이다."

데스티니에는 형제의 연합이 필요하다. 연합 또는 하나 됨에는 우리가 생각하는 것 이상의 비밀이 있다. 우리는 각 개인으로 부름 받은 것이 아니라 한 몸으로 부름을 받았기 때문이다.

> 엡 4:4 몸이 하나요 성령도 한 분이시니 이와 같이 너희가 부르심의 한 소망 안에서 부르심을 받았느니라

부르심, 즉 데스티니는 '한 소망' 안에서의 부르심이다. 다시 말해 하나의 데스티니가 있다는 것이다. 물론 각 사람 각 민족은 그들만의 독특한 데스티니가 있지만, 진짜 데스티니의 비밀은 부르심의 한 소망 안에서 함께 이루어가는 '하나의 데스티니'다. 연합을 통해 '우리의 데스티니'가 비로소 완성된다는 것이다. 이것이 하나 됨의 비밀이다. 저 형제가 아니고서는 나의 데스티니가 완성되지 못한다. 일본이 없이는 한국의 데스티니가 완성되지 못한다. 한국의 축복이 없이는 중국의 데스티니가 완성되지 못한다. 데스티니는 공동체적이다. 그래서 우리는 형제의 축복이 필요하다.

쟝 조지의 디저트

몇 해 전 뉴욕에 방문했을 때 장로님 한 분이 유명한 음식점에서 식사를 대접해주셨다. 쟝 조지(Jean George)라는 미슐랭 스타 쉐프가 운영하는 식당이었다. 음식이 정말 예술이었다! 디저트로 초콜릿 케이크와 아이스크림이 어우러져 나왔는데 명장의 음식이란 이런 것

이구나 싶었다. 초콜릿 케이크만으로도 최상의 제품이었고 아이스크림 역시 최고의 제품이었다.

그러나 쟝 조지의 작품은 최고의 초콜릿 케이크만으로는 불가능한 맛을 내고 있었다. 단순한 아이스크림만으로는 흉내낼 수 없는 완전함이 있었다! 쟝 조지표 디저트의 완전함에 이르기 위해서는 초콜릿 케이크만으로는 안 되고, 아이스크림만으로는 안 되는 무언가가 더 필요했다. 그것은 초콜릿 케이크와 아이스크림이 함께하는 것이었다! 그것도 각자의 위치에 필요한 양만큼 정확하게 말이다. 이것이 쟝 조지표 디저트를 완전함의 경지에 올려놓았다. 쟝 조지의 디저트가 그 데스티니의 완전함에 이르기 위해서는 초콜릿 케이크가 아이스크림과 함께 있어야 했다! 이것이 데스티니다.

각 사람 또는 각 민족의 데스티니가 혼자서도 뛰어난 수준에 이를 수 있다. 특급 초콜릿 케이크가 될 수 있다. 그러나 쟝 조지의 디저트가 되기 위해서는 뭔가가 더 있어야 한다. 그것은 바로 '저 사람'이다. 당신의 데스티니가 완전함에 이르기 위해서는 당신 혼자서는 불가능하다. 다윗이 요나단 없이는 완전함에 이르지 못하며, 요나단은 다윗 없이는 완전함에 이르지 못한다. 앞서 나누었듯이, 아내가 없다면 내 인생은 절대로 데스티니의 완전함에 이를 수 없을 것이다. 두 사람이 만나 데스티니가 연합될 때 거기서 이전에는 알지도 못했고 생각지도 못했던 새로운 데스티니 '한 새 사람'(엡 2:15)이 나오게 된다. 이것이 하나님이 창조하신 데스티니의 비밀이다.

엡 2:15 법조문으로 된 계명의 율법을 폐하셨으니 이는 이 둘로 자기 안
에서 한 새 사람을 지어 화평하게 하시고

개인뿐 아니라 민족들 역시 데스티니의 완전함에 이르려면 복음
안에서 하나가 되어야 한다. 한국의 데스티니는 북한을 제외하고는
이야기할 수 없다. 중국과 일본을 제외하고는 이야기할 수 없다. 중
국의 선교 데스티니는 한국과 일본 없이는 절대로 완성될 수 없다.
하나님나라의 완성은 유대인과 이방인이 하나 된 '한 새 사람'이 아
니고서는 완성될 수 없다. 데스티니의 아름다움은 연합을 통해 데스
티니들이 융합되는 것이다. 마치 초콜릿 케이크와 아이스크림이 만
나 쟝 조지의 디저트를 완성하듯이 하나님이 예비하신 우리의 데스
티니도 그렇다.

하나님의 완전한 계획

천지를 창조하신 하나님의 계획은 하나님의 속성이 투영된 창조세
계를 완성하시는 것이다. 하나님은 삼위일체로 존재하시는 분이다.
세 분 하나님이 사랑 가운데 완전한 연합을 이루신 분, 이것이 하나
님의 속성이다. 그리고 하나님이 이 피조세계 가운데 계획하신 '하나
의 데스티니'는 하나님의 하나 된 연합의 속성이 피조세계 가운데서
도 나타나는 것이다.

엡 4:6 하나님도 한 분이시니 곧 만유의 아버지시라 만유 위에 계시고 만유를 통일하시고 만유 가운데 계시도다

하나님의 영광이란, 서로 다른 존재, 달라도 너무 달라서 도저히 하나 될 수 없어 보이는 존재, 마치 뜨거운 초콜릿 케이크와 차가운 아이스크림이 한 접시 위에서 쟝 조지의 예술을 완성하듯이 그렇게 하나가 되는 것이다! 하나님은 이 영광을 보기 원하신다. 당신도 보고 싶지 않은가? 도저히 하나 될 수 없어 보이는 일본과 한국이 함께 예배하는 모습을! 도저히 용서할 수 없어 보이는 이스라엘과 팔레스타인이 한 접시 위에서 하나님의 위대한 작품을 드러내는 모습을! 이것이 진짜 영광이다.

교회란 서로 다른 초콜릿 케이크와 아이스크림이 어우러져 만들어 내는 하나님의 작품이다. 초콜릿의 달콤함도, 아이스크림의 차가움도 모두 내려놓고 마스터 쉐프의 영광(?)을 드러내기 위해 그의 손에 들려질 때 위대한 작품이 완성되듯이, 교회가 그런 곳이다.

"나는 초콜릿 케이크야. 뜨겁게 먹어야 제맛이 나."

"나는 아이스크림이야. 차갑게 먹어야 해."

서로 자신의 데스티니를 고집한다면 절대로 이를 수 없는 경지, 그러나 초콜릿 케이크와 아이스크림이 서로의 주장과 고집을 내려놓고, 쟝 조지의 작품을 신뢰하며 그가 지휘하는 대로 접시 위에 놓였을 때, 세상이 볼 수 없던 완전함에 이르는 이 비밀! 이것이 하나님이

우리를 향해 예정하신 데스티니의 완전함이다.

엉클어진 실타래에서 파란 실을 풀어내려면 때로는 빨간 실을 잘라내야 할 때도 있다. 조각조각 잘린 빨간 실은 찬란하게 풀어진 파란 실을 보며 무슨 생각을 할까? 바로 다윗과 요나단의 이야기다. 형제를 축복한다는 것은 립 서비스가 아니다. 형제를 축복하는 것은 핏빛 축복이다. 형제를 위해 자신의 인생이 조각나는 것을 감수해야 하는 그런 종류의 축복이다.

그러나 내게는 믿음이 있다. 하나님의 눈은 '조각난 빨간 실'을 주목하고 계시며, 하나님의 심장은 '조각난 빨간 실'로 인해 격하게 뛰고 있다고 말이다. 마치 예수 그리스도의 십자가를 바라보실 때처럼 말이다. 조각난 예수 그리스도의 빨간 실로 인해 우리의 파란 실이 찬란하게 풀어졌을 때, 하나님께서는 그 조각난 빨간 실을 지극히 높여 모든 이름 위에 뛰어난 이름을 주셨다(빌 2:9)!

> 빌 2:8-11 사람의 모양으로 나타나사 자기를 낮추시고 죽기까지 복종하셨으니 곧 십자가에 죽으심이라 이러므로 하나님이 그를 지극히 높여 모든 이름 위에 뛰어난 이름을 주사 하늘에 있는 자들과 땅에 있는 자들과 땅 아래에 있는 자들로 모든 무릎을 예수의 이름에 꿇게 하시고 모든 입으로 예수 그리스도를 주라 시인하여 하나님 아버지께 영광을 돌리게 하셨느니라

축복에는 비밀이 있다. 축복하는 자리에 설 때 우리가 오히려 축복을 받게 된다는 것이다. 형제를 위하여 희생하는 자리에 설 때 오히려 우리를 위해 희생하는 형제를 얻게 된다. 아비를 공경하고 축복할 때 내 자녀들이 나를 공경하고 축복하게 된다. 나는 분명히 요나단의 자리에 앉았는데, 어느 순간 보니까 다윗이 되어 있는 이 신비, 이것이 하나님나라의 비밀이다!

당신의 데스티니를 이루기 원하는가? 그렇다면 당신을 위해 희생할 당신의 요나단을 찾지 말고, 당신이 축복할 당신의 다윗을 찾으라. 당신의 인생을 잘라내어 축복할 당신의 다윗을 말이다. 이것이 그리스도인이 데스티니를 이루어가는 방법이다. 세상은 자신이 다윗이 되기 원하고 그래서 자신을 위해 희생해줄 요나단을 찾지만, 그리스도인의 데스티니는 결코 그렇게 이루어지지 않는다. 예수께서 데스티니를 이루어가신 길을 배워라. 당신의 다윗을 찾아 축복하라. 전심으로 축복하라. 당신의 인생을 잘라내기까지 축복하라. 그러면 나의 데스티니는? 그것은 하나님이 이루어가실 것이다! 당신보다 더 큰 열정을 가지고 말이다!

데스티니 메이커

데스티니에 대한 말씀을 전하면 상담을 요청하는 사람들이 꽤 있다. 특히 청년들이 많이 찾아오는데 "어떻게 하면 나의 데스티니를 찾을 수 있을까요?"라고 묻는다. 사람들은 자신의 데스티니에 큰 관심이 있고 그것을 이루는 데 큰 열정이 있다.

그런데 성경은 다른 관점에서 데스티니를 이야기한다. 우리가 '나의 데스티니'를 이루는 일에만 몰두한다면 과연 하나님을 모르는 세상 사람들이 추구하는 성공적인 인생과 무엇이 다른가? 하나님의 백성은 자신의 데스티니에 몰두하는 사람이 아니다. 오히려 다른 사람들의 데스티니에 몰두하는 사람이다. 요나단은 왕이 되어야 하는 다윗의 데스티니에 몰두했고, 모르드개는 민족을 구원해야 할 에스더의 데스티니에 몰두했다. 예수께서는 제자들과 온 인류의 데스티니에 몰두하셨고, 허드슨 테일러는 자신의 나라 영국이 아닌 중국의 데스티니에 몰두했다. 위대한 하나님의 사람들의 공통점은 다른 사람의 데스티니가 이루어지는 일에 몰두했다는 것이다.

그런 의미에서 우리는 데스티니 메이커다. 다른 사람들의 데스티니를 이루어주기 위해 뛰는 데스티니 메이커! 대통령 선거에는 직접 대선 후보로 나서는 '킹'과 그 후보를 대통령으로 만들기 위해 뛰는 킹메이커가 있듯이, 우리는 킹이 아니라 킹메이커의 아이덴티티가 있어야 한다. 당신은 모르드개인가, 아니면 에스더인가? 당신을 통해 데스티니를 발견하고 이루어가는 사람이 얼마나 있는가? 사람들은 무대에서 스포트라이트를 받는 에스더가 되고 싶어 하지, 아무도 주목하지 않는 무대 아래 모르드개가 되기를 원치 않는다. 그러나 그리스도인의 데스티니는 에스더이기 이전에 모르드개다. 나는 이 책을 읽는 모든 사람이 에스더가 아니라 모르드개의 비전을 갖게 되었으면 좋겠다. 에스더의 데스티니를 일깨우고 이루게 하는 데스티니 메이커, 모르드개 말이다.

어느 날 아침, 성령께서 내게 말씀하셨다.

"너의 데스티니는 데스티니 메이커가 되는 것이다."

내 안에 해결되지 않은, 주목받고 싶고 성공하고 싶은 '에스더 증후군'과 치열하게 싸우고 있을 때였다. 다른 목회자들은 모르겠지만, 목회자로서 내가 참 피하기 어려웠던 유혹은 우리 교회의 부흥에 대한 열망이었다. 벗어난 것 같다가도 어느 순간 '크기의 논리'에 빠져 있는 나 자신을 발견하고 놀라기 일쑤였다.

사실 목사가 되기 전에는 나에게 이런 유혹이 있을 거라곤 생각하지 못했다. 평신도로서 나의 자존감은 내가 속한 교회가 얼마나 큰가 하는 것과는 아무 상관이 없었으니까 말이다. 평신도일 때 세상에서 나의 가치를 인정받는 것은 교회의 사이즈가 아니라 사회적 지위, 학위, 재력 등 다른 것들이었다. 그런데 목사가 되고 나서 보니 다른 사람들에게 나의 존재감을 인정받을 수 있는 것은 성공적인 사역 말고는 아무것도 없어 보였다. 그때부터 평신도 때는 전혀 인식하지 못했던 싸움이 시작되었다. 그것이 바로 교회 사이즈에 대한 유혹이었다. 그날도 나는 이 치열한 영적 전쟁 한가운데 있었다.

성령께서 말씀하셨다.

"너의 성공은 보여지는 결과들이 아니다. 너의 성공은 네가 성공시킨 사람들이다. 너의 데스티니는 다른 사람들이 데스티니를 이루도록 돕는 데스티니 메이커가 되는 것이다."

기도 중에 내가 성공시켜야 할 사람들을 세어보았다. 주로 다른 목사님들이었다.

'이분들의 교회가 우리 교회보다 커진다면 과연 나는 정말 행복할까?'

속이 쓰렸다. 쉽게 정복되지 않는 에스더 증후군에 걸린 자아와의 싸움은 길고도 치열했다. 오전 내내 기도실에서 씨름하며 내키지는 않지만 의지적으로 고백했다.

"알겠습니다, 주님. 내 성공을 포기하고 다른 사람들을 성공시키는 것을 제 소명으로 삼겠습니다."

내키지 않는 고백을 하고 기도를 끝냈다. 기도실을 나서는데 마침 지나가던 교회 청년 한 명이 내게 말을 걸었다.

"목사님, 조금 전에 목사님을 위해 기도하는데 하나님께서 목사님이 성공을 포기하신 것을 기뻐하신대요."

이런! 내가 방금 쓰린 속을 추스르며 이를 악물고 고백했던 말이 아닌가!

'하나님이 진짜로 듣고 계셨구나! 그리고 기뻐하시는구나!'

그 하나님의 기쁨이 내 안에 진짜로 데스티니 메이커가 되고 싶은 열망을 만들어내기 시작했다. 그것은 나의 의지가 아니었다. 하나님의 은혜였다! 거의 10여 년 전의 일이다. 지금은 데스티니 메이커의 기쁨과 특권이 무엇인지 너무 잘 알고 있다. 마치 하나님은 이 고백을 기다리셨다는 듯이 나로서는 상상할 수 없었던 사역의 기회들을 열기 시작하셨고, 여러 민족과 나라들 가운데 데스티니를 선포하고 돕는 데스티니 메이커가 되게 하셨다. 나는 이 책을 읽는 모든 사람들이 데스티니 메이커가 되었으면 좋겠다.

14 데라 ; 멈춰진 데스티니

데라, 갈대아 우르를 떠나다

마지막으로 살펴보고 싶은 사람이 있다. 아브라함의 아버지 데라다. 데라가 보여주는 데스티니의 원리가 있는데 그것은 데스티니를 이루기 원한다면 멈추지 말라는 것이다. 데스티니를 이루는 단순하고도 확실한 방법이 있다. 그것은 이루어질 때까지 멈추지 않는 것이다. 성경은 이것을 믿음이라고 한다. 물론 그것이 정말 나의 데스티니인지 먼저 확인해야겠지만 말이다.

정말 당신의 데스티니가 분명한가? 그렇다면 끝까지 그 길을 가라. 오늘날 젊은이들의 데스티니가 무산되는 가장 큰 원인은 끝까지 가지 못하기 때문이다. 데스티니 여정을 시작하는 사람은 많다. 그러나 1년 뒤에도 여전히 그 길을 가고 있는가? 10년 뒤에는 어떤가?

이것이 데스티니를 이루는 길이다. 헬라어로 충성과 믿음은 '피스티스'라는 같은 단어다. 충성되게 한 길 가는 것을 믿음이라고 한다면, 믿음은 데스티니를 이룬다.

메소포타미아 갈대아 우르에서 우상을 만들어 팔던 데라가 어느 날 그의 가족들을 데리고 고향인 갈대아 우르를 떠나 가나안으로 간다.

창 11:31,32 데라가 그 아들 아브람과 하란의 아들인 그의 손자 롯과 그의 며느리 아브람의 아내 사래를 데리고 갈대아인의 우르를 떠나 가나안 땅으로 가고자 하더니 하란에 이르러 거기 거류하였으며 데라는 나이가 이백오 세가 되어 하란에서 죽었더라

창 12:1,2 여호와께서 아브람에게 이르시되 너는 너의 고향과 친척과 아버지의 집을 떠나 내가 네게 보여줄 땅으로 가라 내가 너로 큰 민족을 이루고 네게 복을 주어 네 이름을 창대하게 하리니 너는 복이 될지라

흔히 창세기 12장 1절에서 여호와 하나님이 처음으로 아브람에게 나타나셔서 본토 친척 아비 집을 떠나 가나안으로 가라고 하신 것으로 생각한다. 그런데 사실은 그렇지 않다. 아브람은 이미 창세기 11장에서 아버지 데라를 따라 갈대아 우르를 떠나 데스티니의 여정을 시작했다. 당시 자기 종족이 살고 있는 '본토'를 떠난다는 것은

죽음을 불사하는 모험이었기에 이것은 미친 짓에 가까웠다. 그런데 데라가 그 미친 짓을 선택했다. 왜 그랬을까? 무엇이 데라를 움직이게 했을까?

하나님의 영광의 임재를 만난 데라

사도행전 7장은 그 이유를 엿볼 수 있게 해준다.

> 행 7:2,3 스데반이 이르되 여러분 부형들이여 들으소서 우리 조상 아브라함이 하란에 있기 전 메소보다미아에 있을 때에 영광의 하나님이 그에게 보여 이르시되 네 고향과 친척을 떠나 내가 네게 보일 땅으로 가라 하시니

메소포타미아(갈데아 우르)에 있을 때에 데라와 그의 가족인 아브람에게 하나님이 나타나셨다. 하나님을 만난 데라는 자신의 데스티니가 무엇인지 알게 되었을 것이다.

"나는 이 우상의 도시 메소포타미아에서 우상이나 만들어 팔며 인생을 낭비할 존재가 아니구나! 나는 하나님의 사람이며, 믿음의 조상이 될 존재다! 하나님이 주신 약속의 땅에 거해야 할 존재다!"

이것을 안 것이다. 우상의 도시 우르에서 우상 만들어 팔던 이들에게 어느 날 하나님의 영광이 나타나셨을 때 데라와 아브람의 데스티니 여정이 시작되었다.

우리도 마찬가지다. 데스티니를 보기 원하는가? 데스티니를 이루어가는 위대한 여정에 들어서기 원하는가? 그렇다면 하나님의 영광, 쉐카이나 영광을 만나야 한다. 이 만남 없이는 데스티니 여정은 시작되지 않는다. 하나님의 영광을 사모하라. 당신 앞에 그분의 영광이 나타나는 이 일생일대의 사건을 갈망하라. 그래야만 데스티니를 향한 당신의 마음이 뛰기 시작할 것이다.

"당신을 향한 하나님의 계획이 있습니다. 이루어야 합니다!"

데스티니에 대한 이야기를 아무리 들어도 하나님의 영광을 대면하지 않는다면 당신의 마음은 움직이지 않을 것이다. 그냥 그런가 보다, 아니면 오히려 부담스러울 것이다. 그러나 하나님의 영광이 당신에게 임할 때, 그리고 그것이 당신의 마음과 영혼을 완전히 압도하며 사로잡을 때, 그러면서 그분의 사랑이 당신의 인생을 향한 하나님의 비전을 풀어주실 때, 당신의 마음이 비로소 뛰기 시작할 것이다. 이 뛰는 심장이 데스티니를 향한 위대한 여정으로 당신의 발을 떼게 만들 것이다. 이것이 없으면 우리는 절대로 갈대아 우르를 떠나지 않는다. 갈대아 우르는 살 만한 곳이기 때문이다.

당신도 갈대아 우르의 데라처럼 하나님의 영광의 임재를 만나기 바란다. 그곳에서 당신의 마음을 설레게 하고, 당신의 발을 달음박

질하게 만드는 그런 역사가 있게 될 것이다. 오늘 만나라! 그래서 예배가 중요하다. 하나님의 영광은 예배 가운데 임하기 때문이다. 예배할 때마다 우리는 그분의 영광 때문에 발이 떨려야 하고, 예배할 때마다 그분의 영광으로 인해 우리의 마음이 설레야 하고, 예배할 때마다 그분의 영광으로 인해 눈물이 흘러야 한다. 이것이 정상적인 예배다. 예배 가운데 하나님의 영광을 볼 때, 우리는 우리의 데스티니를 향한 눈을 뜨게 된다.

아직 당신의 데스티니가 무엇인지 몰라 궁금한가? 그렇다면 예배하라. 기도하라. 그분의 영광이 임할 때까지….

데라가 하란에 멈추다

그런데 무슨 이유인지 데라는 가나안까지 가지 않고 중간 지역인 하란에 이르러 그곳에 눌러앉아 버린다. 하란에 눌러앉은 이유가 무엇인지 분명치 않지만 몇 가지를 추측해볼 수 있다. 긴 여행에 가족이 아팠거나, 하란이라는 도시가 너무 좋았거나, 아니면 가나안까지 가는 것에 대한 걱정과 근심에 사로잡혔거나, 아니면 데라가 너무 늙어서 더 이상 갈 기력이 없었거나, 아마 분명히 이런 이유 중에 하나였을 것이다.

그리고 사실 동일한 이유들로 우리의 데스티니도 하란에 멈춰버린다. 오늘날도 하나님의 부르심을 받고 우상의 도시 갈대아 우르를 떠나 가나안으로 출발하는 많은 사람들이 있다. 그러나 그 데스티니인 가나안에 들어가 믿음의 조상이 되는 사람은 많지 않다. 가족의 반대로, 세상이 주는 유혹으로, 걱정과 근심으로, 나이가 많다는 이유로 하란에서 데스티니를 중도 하차해버린다. 성경에 기록되어 있지는 않지만 데라가 하란에 멈춘 이유를 추측해보는 것은 오늘날 우리의 데스티니 여정에 도움이 될 것이다.

(1) 가족의 반대, 핍박

첫째, 데라는 가족의 반대 때문에 멈추었을 가능성이 있다. 가족 중 한 사람이 "난 못 가겠다"고 버티고 드러누웠을 수 있다. 오늘날도 그렇다. 데스티니를 이루려고 믿음의 발걸음을 떼면 반대하는 사람들이 있다. 주로 가족들이다. 특별히 선교로 부르심을 받은 사람들에게 거의 100퍼센트 나타나는 것이 부모의 반대다. 어쩌면 이것이 데라의 데스티니를 하란에서 멈추게 했을 수도 있다.

가족들, 특히 부모들은 자녀의 데스티니를 하란에서 막지 말라. 그들은 가나안까지 가야 한다. 하란에서 멈춰서는 안 될 사람들이다. 불행하게도 오늘날 데스티니를 막는 주범 중 하나는 부모다. 아브라함의 데스티니도 하란에 머문 데라 때문에 막힐 뻔했지 않은가? 추측이지만 그래서 하나님이 데라를 빨리 데려가시지 않았을까? 부모는 자녀의 데스티니를 열어주는 존재가 되어야 한다. 자녀의 데스티니를 막는 부모가 아니라 열어주는 부모가 돼라.

(2) 유혹

둘째, 유혹이 있을 수 있었다. 하란은 무역 도시였고 교역의 중심지였다. 마치 오늘날 홍콩과 같은 곳이다. 더욱이 이곳은 달의 신을 섬기는 곳이었으니 우르에서 우상 장사를 하던 데라에게는 더할 나위 없이 좋은 비즈니스 장소였을 것이다. 데라는 이곳에서 물 만난 고기였으리라. 훗날 아브라함이 하란을 떠날 때 가지고 가는 재산을 보면 하란에서 데라가 많은 돈을 벌었던 것을 추측할 수 있다. 하란은 데라의 비즈니스에 더할 나위 없는 축복의 장소였다. 그리고 이런 유혹이 혹시 데라를 하란에 머물게 하지는 않았을까?

오늘날도 유혹은 데스티니를 멈추게 하는 치명적인 독이다. 청년 때나 학생 때는 주를 위해서라면 뭐든지 다 할 수 있을 것 같다. 그런데 막상 결혼해서 안정된 직장을 잡고, 아이를 낳아 키우다보면 이게 너무 좋다. 사명이고 비전이고 데스티니고 다 모르겠다. 그냥 이게 좋다. 시집가기 전에는 주님밖에 없다고 하던 자매들이 막상 시집가서 남편이 돈 잘 벌고, 아이 하나둘 낳고 나면 사명은 무슨 사명인가. 아이가 우상이 되고 남편이 우상이 된다. 우르에서 섬겼던 우상을 모양만 바꿔서 하란에서 다시 섬기게 된다.

형제들도 마찬가지다. 직장을 잡거나 시험에 합격하거나 사업을 시작하거나 하다보면 꼭 뭐가 될 것 같다. 이것이 우리의 데스티니를 하란에 붙잡아두는 또 하나의 이유다. 그러면 하나님이 어떻게 하실까? 그 사람을 정말 사랑하신다면, 흔드신다. 심하게 흔드신다. 남편이 속을 썩이든지, 아니면 직장에서 해고되든지 하여간 흔드신다. 왜? 하란이 당신의 데스티니가 아니기 때문이다. 기억하라. 당신의 데스티니는 가나안이다. 하란에서 멈추면 안 된다.

(3) 근심과 걱정 – 조금만 쉬었다 가자

셋째, 근심과 걱정 때문에 하란에 멈추었을 가능성도 있다. 떠날 때는 용기 있고 성령충만해서 떠났다. 그런데 막상 가다보니 장난이 아니다. 점점 영발이 떨어지고 '맨 정신'이 돌아온다. 생각해보니 가나안이 어떤 곳인가? 우르나 하란에 비해 저 촌구석 가나안은 사람 살 곳이 아니다. 거기까지 간다는 건 말이 안 된다. 성령에 사로잡혔을 때는 아무 생각 없이 짐 싸서 떠났지만, 막상 하란까지 고생고생하며 와보니 생각이 바뀌었다.

"이 정도 왔으면 많이 왔다. 좀 쉬었다 가자…."

데라가 처음부터 하란에 주저앉을 생각은 아니었을 것이다. 단지 좀 쉬어가자 그런 것이 거기서 완전히 쉬어버렸다. 아예 하란에 정착해버린 것이다. 물론 이것도 추측이지만 말이다.

나도 그런 경험이 있다. 나는 대학 1학년 때 예수님을 만나고 정말 뜨거웠다. 예수님 말고는, 은혜 받는 것 말고는 눈에 보이는 것이 없었다. 그런데 대학교 4학년이 되니 걱정이 되기 시작했다.

'나도 내 앞길을 좀 챙겨야 하는 게 아닐까? 조금만, 아주 조금만 쉬었다 가자. 나는 타협하는 게 아니야. 지금까지 너무 오버해서 섬겼지. 그럼. 이제 정상으로 돌아오는 것뿐이야. 잠깐만, 아주 잠깐만 숨만 고르고 가는 거야.'

나는 영적인 것에 투자하는 시간을 줄이고 대학원 진학을 위한 공부를 시작했다. 공부하는 것이 잘못되었다는 것은 아니다. 당연히 대학원에 진학하려면 공부를 해야 한다. 진짜 문제는 염려와 근심이었다. 사실 염려와 근심은 하나님 앞에 나아가 해결되어야 한다. 그런데 오히려 염려와 근심이 하나님 앞에 나아가는 시간을 줄이게 한다. 그리고 하나님 앞에 나아가는 시간을 줄여서 만들어낸 잉여 시간을 문제를 해결하는 것에 투입함으로 불안을 해결하려 한다. 이것이 함정이다. 잠깐 쉬어가겠다는 나의 염려와 근심은 순식간에 4년을 흘려보냈고, 4년 후 나는 하란에 완전히 정착해 있었다. 가나안은 먼 옛날의 아련한 꿈이었다.

데라가 왜 하란에 머물렀는지는 모르겠다. 그러나 한 가지는 분명하다. 데라도 처음부터 하란에 머물 생각은 아니었다. 분명히 가나안으로 가려고 떠났다. 그러나 어떤 이유에선지 데라는 하란에서 그의 데스티니를 멈추어버렸다.

데스티니 시계가 멈추다

이어지는 창세기 11장 31,32절을 주의하여 보라.

> 창 11:31,32 데라가 그 아들 아브람과 하란의 아들인 그의 손자 롯과 그
> 의 며느리 아브람의 아내 사래를 데리고 갈대아인의 우르를 떠나 가나
> 안 땅으로 가고자 하더니 하란에 이르러 거기 거류하였으며 데라는 나
> 이가 이백오 세가 되어 하란에서 죽었더라

"데라가 가나안 땅으로 가고자 하더니 하란에 이르러 거기 거류
하였으며" 그리고 그다음에 무엇이라 하는가? "하란에서 죽었더라"
이것이 데라 이야기의 끝이다. 이어지는 기록이 아무것도 없다. 사실
아브라함에게 펼쳐졌던 창세기의 놀라운 이야기들, 그 데스티니는
데라의 이야기가 되었어야 했다. 하나님께서 갈대아 우르에서 불러
내실 때 그 집의 가장은 데라였지 아브라함이 아니었다. 데라가 하
란에서 시간을 허비하지 않았다면 가나안에 들어가 놀라운 이야기
를 이끌었을 사람은 아브라함 이전에 가장인 데라였을 것이다. 사실
데라도 믿음의 사람이었다. 어찌 되었든 그 시대에 본토를 떠난다는
것은 대단한 믿음이 없이는 불가능한 일이었으니 말이다. 이 담대한
믿음을 아브라함이 이어받았으리라.

그러나 불행하게도 데라의 기록은 여기서 끝난다. 이 믿음의 사

람 데라의 데스티니는 완성되지 못하고 중간에 하란에서 멈추어버렸다. 그리고 그의 인생도 거기까지였다. 데라에게 펼쳐졌어야만 했던 모든 하나님의 데스티니가 거기서 끝나버린 것이다. 언제? 데라가 하란에 안주하는 순간에. 하란에 머무는 순간 데라의 이야기도, 데라의 영적 생명도 거기서 끝나버렸다. 하나님께서 계획하셨던 데라의 데스티니 시계는 하란에서 멈춰버렸다.

데라가 하란에서 얼마나 성공했는지, 얼마나 대단한 신앙생활을 했는지 잘 모르지만 그것은 그의 데스티니가 아니었다. 분명 돈은 많이 벌었다. 그러나 그가 아무리 성공적인 삶을 살았고 돈을 많이 벌었더라도 이것은 데라의 데스티니가 아니었다. 그래서 창세기 11장 31절과 32절 사이에 한마디도 기록된 것이 없다. "죽었더라"라는 언급이 끝이다. 하나님의 눈에는 더 이상 데라의 인생에서 의미 있고 기억할 만한 사건을 찾을 수 없었다는 것이다. 그냥 그곳에서 여생을 편안하게 보낸 것 말고는…. 이것은 하나님이 데라에게 계획하셨던 데스티니가 아니었다. 하나님이 주신 데스티니가 아니면 데스티니가 아니다.

데스티니를 이루어가는 여정에 있어 '하란'이 의미하는 바는 명확하다. 멈춰서는 안 된다는 것이다. 가나안에 이를 때까지 여정을 멈추지 말라. 데스티니 여정을 출발했던 수많은 데라들이 하란에 정착함으로 약속의 땅을 향한 여정을 멈춰버린다. 거기서 자신들의 데스티니 시계가 멈추는 것을 모르는 체 말이다.

당신의 데스티니 시계는 어떤가? 계속 돌아가고 있는가? 기억하라. 하란은 데스티니 시계가 정지된 곳이다. 그곳에 아무리 오래 머물러 있어도, 아무리 많은 것을 성취한 것 같아도 그곳에서의 시간은 정지된 시간이다. 그 시간 동안 하나님의 데스티니 노트에 기록된 것은 하나도 존재하지 않는다. 당신의 창세기 11장 31절과 32절 사이에는 무엇이 기록되기를 원하는가? 하란에 거하였고 하란에서 죽었다는 것이 끝은 아니어야 한다. 적어도 그것은 아니다.

시계가 다시 가기 시작하다!

그런데 참으로 감사한 것은 데라의 이야기가 여기서 끝나지 않는다는 것이다. "데라의 가족은 하란에서 멈추었고, 그래서 그의 가정은 영원히 우상을 섬기다가 저주를 받았더라" 이야기가 이렇게 끝나지는 않는다. 하나님께서 다시 이 가족을 향한 하나님의 은혜의 이야기를 시작하신다. 하나님께서 다시 아브람에게, 하란에 멈추어버린 아브람에게 나타나신 것이다! 그리고 아브라함의 데스티니, 사실은 데라의 데스티니를 다시 상기시키신다. 소멸되어버린 것 같은 가나안의 데스티니, 위대한 민족의 아비가 되는 데스티니를 다시 부활시키신 것이다. 그래서 나는 이 부분이 정말 좋다!

창 12:1-3 여호와께서 아브람에게 이르시되 너는 너의 고향과 친척과 아버지의 집을 떠나 내가 네게 보여줄 땅으로 가라 내가 너로 큰 민족을 이루고 네게 복을 주어 네 이름을 창대하게 하리니 너는 복이 될지라 너를 축복하는 자에게는 내가 복을 내리고 너를 저주하는 자에게는 내가 저주하리니 땅의 모든 족속이 너로 말미암아 복을 얻을 것이라 하신지라

와우! 얼마나 위대한 계획인가! 얼마나 대단한 운명인가! 너로 하여금 큰 민족을 이루고 복을 주어 네 이름을 창대케 하시겠다는 것이다! 복의 근원이 되게 하시겠다는 것이다. 너를 축복하는 자에게는 복을 내리고 너를 저주하는 자에게는 저주를 내리겠다는 것이다. 이것이 당신의 진짜 데스티니다. 하나님은 하란에 머물러 있던, 그래서 완전히 죽어버린 것 같았던 데라의 데스티니를 포기하지 않으시고 다시 찾아오셨다. 왜? 그 데스티니를 다시 살리시려고! 죽어버린 것 같던 데스티니를 부활시키시는 우리 하나님은 부활의 하나님이시다!

혹시 당신은 하란에 머물고 있지는 않은가? 잠깐 쉬어가자고 걸음을 멈추지 않았는가? 하란의 휘황찬란함에 마음을 빼앗겨 가나안을 잠시 잊고 있지 않은가? 당신의 데스티니는 하란이 아니다. 거기서 멈추면 안 된다. 위대한 믿음의 아버지, 이스라엘의 조상이라는 데스티니가 하란에서 멈추어버린다면 얼마나 속상한 일인가?

만약 당신이 하란에 멈추어 섰다면, 이유가 어찌 되었든 하란에 멈춰 있다면 짐을 꾸려라. 빨리 꾸려라. 지금은 길을 떠나야 할 때다. 하나님께서 당신을 다시 부르고 계신다. 하나님께서 아브라함에게 언약을 다시 기억나게 하시고 그의 데스티니를 다시 부활시키셨듯이, 그렇게 당신을 초청하고 계신다. 젊은 날의 헌신, 예전에 하나님이 주셨던 비전들, 세월이 흐르고 직장 일에 치여, 아이들 키우고 가정을 돌보느라 장롱 속 깊이 처박아두었던 그 하나님의 약속들을 오늘 하나님께서 당신의 마음에 다시 부활시키신다.

아직 늦지 않았다. 장롱 속을 뒤져 다시 끄집어내라. 먼지 쌓이고 빛바랜 하나님의 약속들을! 그리고 하란을 떠나 가나안으로 가는 여정을 계속하라. 가나안으로 여정을 계속하라! 계속하라! 데라에게 약속하셨던 그 놀라운 축복들이 다시 시작될 수 있다. 기억하라. 잊지 말고 기억하라. 당신은 가나안으로 가는 여행 중이지 하란이 최종 목적지가 아니다. 짐을 꾸려 하란을 떠나는 순간 당신의 데스티니 시계는 다시 가기 시작할 것이다.

15 우리의 시대

하나님은 로미오와 줄리엣의 무대에 관운장을 올리시지 않는다

마지막으로 다루고 싶은 주제는 '시대'다. 시대에 대한 이야기는 워낙 방대한 주제다. 그러나 데스티니를 다루면서 시대를 이야기하지 않는다면 그것은 범죄(?)라는 강박적인 부담에 간략하게라도 언급하려 한다.

데스티니는 시대와 깊은 연관이 있다. 데스티니가 우리 인생을 향한 하나님의 설계도라면 그것은 우리가 이 땅에서 이루어가야 할 사명이며 비전이기도 하다. 그리고 사명과 비전은 개인적이기보다는 시대적이다.

에 4:13-16 모르드개가 그를 시켜 에스더에게 회답하되 너는 왕궁에 있

으니 모든 유다인 중에 홀로 목숨을 건지리라 생각하지 말라 이때에
네가 만일 잠잠하여 말이 없으면 유다인은 다른 데로 말미암아 놓임과
구원을 얻으려니와 너와 네 아버지 집은 멸망하리라 네가 왕후의 자리
를 얻은 것이 이때를 위함이 아닌지 누가 알겠느냐 하니 에스더가 모
르드개에게 회답하여 이르되 당신은 가서 수산에 있는 유다인을 다 모
으고 나를 위하여 금식하되 밤낮 삼 일을 먹지도 말고 마시지도 마소
서 나도 나의 시녀와 더불어 이렇게 금식한 후에 규례를 어기고 왕에
게 나아가리니 죽으면 죽으리이다 하니라

에스더의 데스티니는 하만이라는 빌런(히어로 영화의 악당을 일컫
는 말)이 하나님의 백성들을 말살하려 하는 시대적 상황을 배경으
로 하고 있다. 이 시대적 상황과 관계없이 나 홀로 이루어가는 데스
티니라면 과연 그것을 데스티니라고 할 수 있을까? 예를 들어 에스
더가 하만이라는 시대적 상황을 무시하고 갈멜 산에 올라 하늘에서
불이 떨어지기를 매일 기도하고 있다고 상상해보라. 마치 '로미오와
줄리엣'에 삼국지의 주인공 '관운장'이 등장하는 것같이 어색하지 않
은가?

데스티니는 시대와 맞물려 있다. 왜냐하면 시대와 그 시대에 살아
갈 사람들의 데스티니는 그 둘 모두 하나님의 작품이기 때문이다.
로미오와 줄리엣의 무대를 만드신 하나님은 그 위에 관운장을 올리
시지 않는다. 에스더뿐 아니라 다른 하나님의 사람들도 마찬가지였

다. 모세의 데스티니는 출애굽이라는 하나님나라의 시대적 과업을 배경으로 하고 있고, 엘리야의 데스티니는 이세벨과 바알숭배라는 시대적 위기를 배경으로 하고 있다. 루터의 종교개혁은 말씀과 진리가 상실된 중세 암흑시대를 배경으로 하고 있고, 조용기 목사님의 데스티니는 전후 가난과 궁핍으로부터의 탈출이라고 하는 시대적 상황을 배경으로 하고 있다.

하나님의 나라는 역사성이 있다. 하나님은 창조부터 종말까지 거대한 서사시를 쓰고 계신다. 수천 년에 걸쳐서 펼쳐지는 거대한 대 서사시를 말이다. 이 서사시에는 각 시대마다 배경이 되는 '무대'가 있다. 그리고 거기에 등장하는 사람들의 데스티니는 그들이 살고 있는 시대, 즉 무대 위에서 전개된다. 그렇다. 하나님은 각 시대마다 무대를 만드시고 그 무대 위에 오를 주인공들을 찾으시고 부르신다.

성경에 등장하는 첫 번째 무대는 에덴동산이다. 에덴을 만드시고 그 위에 등장할 주인공들을 창조하신다. 아담과 하와였다. 이들의 사명, 곧 데스티니는 선악과와 생명나무 사이의 싸움이었다. 그러나 불행하게도 데스티니에 실패한다. 선악과를 따 먹었다. 무대가 바뀐다. 사람들은 하나님을 떠나고 죄가 관영하다. 심판 전야의 무시무시한 무대가 준비된 가운데 하나님이 구원의 스토리를 이어갈 주인공을 찾으신다. 노아가 이 무대에 등장하고 방주를 통해 하나님의 심판 가운데 구원을 이어간다.

다시 무대가 광야 한가운데로 바뀐다. 하나님께서 이 광야 속에서 '믿음'을 보여줄 하나님의 주인공을 찾으시고 아브라함이 그 무대에 오른다. 다시 무대가 바뀌어 애굽과 홍해, 이스라엘 백성들의 고통과 부르짖음 속에 하나님이 한 사람을 찾으신다. 모세가 무대에 올라온다. 홍해를 가르고 백성들을 새로운 무대인 가나안으로 이끈다. 모세의 데스티니가 완료되었다. 무대 위에 여호수아가 오른다. 다시 무대가 바뀌어 다윗이 오르고, 다시 무대가 바뀌어 엘리야가 오르고, 다시 무대가 바뀌어 다니엘이 오른다. 바벨론과 페르시아라는 거대한 제국들의 흥망성쇠는 모두 하나님이 조성하신 무대였다. 한 나라가 서고 또 한 나라가 무너지는 것은 모두 새로운 무대가 형성되는 과정이다.

무대가 다시 바뀌어 드디어 하나님 자신이 무대에 오르신다. 예수 그리스도시다! 이어서 사도들과 바울이 다시 무대에 오른다. 어거스틴이 무대에 오르고, 루터가 무대에 오르고, 재침례교도들이 무대에 오르고, 모라비안들이 무대에 오르고, 요한 웨슬레가 무대에 오르고, 허드슨 테일러가 무대에 오르고, 이제 그 바통이 우리에게까지 왔다. 오늘날도 새로운 무대를 보시며 하나님은 이 무대에 오를 주인공을 찾으신다. 누가 이 무대에 오를 것인가?

이 시대 무대 주인공은?

누가 무대에 오를까? 적어도 두 가지가 갖춰진 사람이 무대에 오른다. 첫째, 하나님이 써가시는 서사시 속에 자기 인생이 있는 사람이 무대에 오른다. "하나님이 써가시는 서사시가 뭐든지 간에 나는 내 이야기에 바쁘다", 이런 사람은 무대에 오를 자격이 없다. 하나님의 이야기 'His-story'가 자기 인생의 'My-story'인 사람, 하나님의 이야기가 나의 이야기이고, 하나님의 나라가 나의 나라이고, 하나님의 열정이 나의 열정인 사람, 하나님은 이 사람을 주인공으로 무대에 올리신다.

둘째, 누가 무대에 오르는가? 무대를 이해하는 사람이 오른다. 아무리 하나님나라에 대한 열정이 있어도 무대에 대한 이해가 전무하다면, 그 사람은 무대에 오를 수 없다. 생각해보라. 출애굽의 무대에 노아가 올라갔다면? 그래서 광야 한가운데서 40년 동안 방주를 만들고 있다면 얼마나 당황스러운 이야기인가! 엘리야의 때, 바알숭배가 만연한데 그때 홍해를 가르고 있다면 하나님께서 물으실 것이다.

"홍해는 왜 갈러?"

"어, 예전에 모세가….”

"그건 모세 시대 이야기고!"

엘리야의 때에는 갈멜 산에 가야 하나님의 역사가 있지, 홍해에서 아무리 어슬렁거려봐야 아무 일도 일어나지 않는다. 많은 사람들이 무대에 대한 이해가 없다. 이전 시대의 역사는 물론 귀하다. 존중해야 한다. 그러나 그것은 우리 선배들이 싸웠던 그 시대의 싸움이지 우리 싸움은 아니다. 우리의 싸움은 무엇인가? 에스더의 사명은 '하만의 궤계를 멸하는 것이지 죽은 아합과 이세벨을 갈멜 산으로 불러내는 것이 아니다. 에스더의 빌런은 하만이지 아합이 아니었으니까 말이다. 그렇다면 우리 시대의 하만은 무엇일까? 하나님은 시대를 이해하는 사람을 찾으신다.

데스티니는 개인적이기보다는 시대적이기 때문에 시대와 무대를 이해하는 것이 매우 중요하다. 오늘날 우리의 무대는 무엇이며 우리가 싸워야 할 하만은 무엇일까? 당신의 데스티니는 이것과 깊게, 아주 깊게 연결되어 있다. 하나님은 로미오와 줄리엣의 무대에 관운장을 올리시지 않는다. 우리 시대의 무대가 로미오와 줄리엣의 무대라면 당신의 데스티니는 죽음을 넘어 사랑해야 하는 로미오이겠지만, 만약 우리 시대의 무대가 삼국지의 무대라면 관운장이 당신의 데스티니여야 할 것이다.

그렇다면 21세기, 우리가 올라가야 할 무대는 어떤 무대일까? 많은 특징들이 있지만, 간략히 오늘 우리 시대 무대의 특징들 중 몇 가지만 살펴보자. 기억하라. 당신의 데스티니는 바로 이 무대 위에서 펼쳐진다.

빠른 변화의 속도

첫째, 우리 시대 무대의 특징은 모든 것이 빠르게 변하고 있다는 것인데, 특히 그 변화의 속도가 무척이나 빠르다는 것이다. 변화가 일어나고 있다는 것은 모두가 인식한다. 그러나 그 변화가 얼마나 빠르게 일어나고 있는지는 잘 모른다. 생각해보라. 우리 손에 스마트폰이 들려진 지가 10년이 채 안 된다. 그런데 스마트폰 없는 삶이 상상이 되는가? 스마트폰은 둘째 치고 인터넷이 일반화된 지도 그리 오래되지 않았다.

무서운 것은 '변화의 속도'가 '검증의 속도'를 따라잡아버렸다는 것이다. 예를 들어 TV가 처음 나왔을 때 TV가 자라나는 아이들에게 어떤 영향을 미치는지 검증하기 위해서는 적어도 십수 년 이상의 시간이 걸렸다. TV를 보고 자란 아이들이 자라봐야 어떤 영향이 있는지 검증할 수 있으니까 말이다. 그런데 지금은 어떤가? 스마트폰이 아이들에게 어떤 영향을 미치는지 검증할 수가 없다. 스마트폰 세대가 자라났을 때 이미 스마트폰은 사라지고 다른 무언가가 그것을 대체하고 있을 것이기 때문이다. 이것이 변화의 속도가 검증의 속도를 따라잡았다는 의미다.

따라서 지금 교회에 필요한 것은 정확한 정보와 더불어 미래를 예측하는 '예언적 통찰력'이다. 한국 교회 주차장에 차가 한 대도 없었던 70년대에 로렌 커닝햄 목사님이 한국의 거대한 선교 부흥을 예언하셨듯이, 이 예언적 통찰력이 우리 위에 부어져야 한다. 그러기 위해서는 더욱 성령께 의존해야 한다. 그렇지 않다면 교회는 이 시대적 위기를 돌파하지 못하고 변화가 이미 지나가고 난 후에 변화에 대한 대책을 세우느라 계속 뒷북만 치게 될 것이다.

젊은 세대의 체제 이탈과 기독교의 침체

이와 맞물린 우리 시대 무대의 두 번째 특징은 젊은이들의 이탈이다. 교회에서 젊은이들이 떠나고 있다. 이것은 비단 서구와 한국 교회뿐 아니라 중국이나 몽골 같은 신흥 기독교 부흥국에서조차 일어나고 있는 현상이다. 젊은이들에게 왜 교회를 떠나느냐고 물으면 가장 많은 대답은 "지루하다" 또는 "재미없다"는 것이다.

이것은 앞서 이야기한 빠른 변화의 속도와 맞물려 있는데, 빠른 변화로 인해 세대 간의 갭(Generation gap)이 더욱 선명해진 것이다. 변화가 거의 없던 과거 농경 사회에서는 아버지의 고민이나 아들의 고민에 별 차이가 없었다. 아버지도 농사짓는 고민, 아들도 아버지 나이가 되면 똑같이 농사짓는 고민을 했다. 그런데 지금은 그렇지 않다. 나의 큰아들이 대학생인데 내 대학생 시절을 생각하고 아들과 대화를 하면 대화가 안 된다. 고민하는 내용도, 극복해야 하는 문제들도 다 달라져버렸다.

젊은 세대에게 있어서 어른 세대가 주도하는 교회는 고민하는 주제도, 관심사도, 신앙을 표현하는 방식도 모두 '지루하고', '재미없어' 보인다. 어른 세대가 풀어야 할 숙제다. 물론 다음 세대에게 어른 세대에 대한 존경을 가르쳐야 한다. 하지만 그보다 더 중요한 문제는 어른들이 "다음 세대가 서는 무대와 어른 세대가 활약했던 무대가 완전히 다르다"는 것을 인식하는 것이다. 그렇기 때문에 어른 세대는 다음 세대를 이해할 뿐만 아니라 그들이 스스로 주도하고 이끌어갈 수 있는 기회들을 주어야 한다. 왜냐하면 어른 세대와 다음 세대는 서 있는 무대가 다르기 때문에 다음 세대의 문제를 어른들이 대신 풀어줄 수 없기 때문이다.

이십 대는 어린이들이 아니다. 20세기 초반 놀라운 세계 선교를 이끌었던 이들은 대부분 이십 대 청년들이었다. 백여 년 전 한국에 처음 복음을 전했던 아펜젤러는 27살이었고 언더우드는 26살이었다. 오늘날 어른들의 눈에 아이로 보이는 이들이 세계 선교의 큰 획을 그었다. 오늘 우리는 이들을 풀어놓아 자유케 해야 한다.

10여 년 전 교회에서 청년들, 특히 이십 대 대학생들을 1,2년 정도 선교지로 보내는 중단기 선교를 시도했다. 그런데 처음 몇 해 동안은 계속 실패했다. 중단기로 다녀온 청년들이 선교에 흥미를 잃고 돌아오는 것이었다. 그래서 전략을 바꾸었다.

"젊은이들을 존중해주자. 그들 스스로 기도하고, 스스로 결정하고, 스스로 사역할 수 있도록 자유를 주자!"

3,4명으로 팀을 만들었다. 선교지에서 지켜야 할 기초적이고 간략한 훈련과 함께 스스로 기도할 수 있도록 훈련했다. 그리고 선교지에서 많은 부분을 기도하면서 스스로 결정할 수 있도록 존중했다. 비교적 안전한 아랍 국가로 1년 동안 들여보내며, 선교사라는 지나친 사명감보다는 선교지의 문화를 잘 배우고 현지인 친구들을 사귀고 돌아오도록 했다.

그런데 놀라운 변화가 일어났다. 젊은이들이 재미있어 하기 시작한 것이다! 재미있으니까 열매가 나오기 시작했다! 그중 한 친구가 현지인 친구를 위해 기도해주라는 마음을 받았는데, 이 현지인 친구는 여자 친구와 헤어지고 힘들어하는 중이었다. 만나서 기도하는데 성령께서 임하셨다! 기도를 받던 현지인 친구가 방언을 받았다!

신이 난 청년들이 기도하면서 스스로 전도 여행을 계획했다. 그랬더니 무슬림들이 꿈에서 예수를 만나고 복음을 기다리고 있었다! 이런 식으로 6개월이 채 안 되는 기간 동안 20명 가까운 사람들이 예수를 믿게 되었다. 생각하지 못한 사이에 10명 이상 모이는 가정교회가 세워졌다. 1년간 선교지 경험을 하러 간 대학생들이 어느 날 갑자기 가정교회 목사가 되어버렸다!

그들에게 고민이 생겼다.

"이 사람들을 데리고 이제 뭘 해야 하지?"

팀이 함께 모여 기도하고 결정했다. 그래서 이들을 훈련시키고 파송하기로 하고 "우리가 전도했던 것처럼 너희도 전도해라! 우리가 가정에서 모여 함께 기도하고, 먹고, 교제했듯이 너희도 너희가 전도한 사람들을 데리고 그렇게 해라!" 그러자 순식간에 교회 개척운동(?)이 되어버렸다!

이들은 모두 20대 초중반의 젊은이들이었다. 우리가 한 것이라고는 이들에게 자유를 준 것밖에 없었다. 어른 세대의 생각을 강요하지 않고 성령께 의탁한 것뿐이다. 그들 스스로 할 수 있다고 믿어주고 격려한 것뿐이다! 만약 이들을 이미 만들어져 있는 어른 세대의 무대 위에 세웠다면 어떻게 되었을까? 아마 여러 가지 제약으로 이런 일은 일어나기 어려웠을 것이다.

약속한 1년이 지났다. 하나님의 역사를 경험한 청년들은 이렇게 고백했다.

"목사님, 이걸 보고 어떻게 돌아갑니까? 여기서 하나님이 하시는 일을 보는데 어떻게 돌아갑니까? 이곳에 좀 더 있고 싶습니다!"

누가 시킨 것이 아니었다. 선교가 너무 재미있어서 전혀 지루하지 않다고 했다. 그래서 더 하고 싶다는 것이다! 그래, 맞다. 예수 믿는 것은 지루한 일이 아니다! 그것은 가장 흥분되고 즐거운 일이다! 다음 세대의 부흥은 청년들을 존중하고 성령께서 일하실 자유를 줄 때 시작된다. 다음 세대를 풀어놓아 다니게 하자! 이들은 할 수 있다. 아니, 이들이 해야 한다. 왜냐하면 이 무대는 그들의 무대이기 때문이다!

젊은이들의 이탈 현상은 비단 서구와 한국의 문제만이 아니다. 이슬람권에 있는 청년들 역시 기존의 종교와 시스템에 대해 "지루해하고" "답답해"한다. 무슬림 청년들 역시 세계적인 변화의 소용돌이와 페이스북의 혁명 속에서 기존 체제에 적응하지 못하고 이탈하고 있다. 기존 체제에서 벗어난 이들에게 과연 누가 영향을 줄 것인가? IS일까? 아니면 복음일까? 이것이 세계의 운명을 결정할 것이다.

IS는 이슬람 버전의 청년부흥운동(Youth movement)이다. 기존 체제와 종교에서 이탈하고 있는 청년들, 재미없어 하고 지루해하고 그래서 분노하고 있는 청년들을 기반으로 하는 운동이 IS다. 그 이야기는 이 청년들이 복음에도 반응할 잠재력을 가지고 있다는 것이다. 그리고 만약 복음이 이들을 사로잡을 수 있다면, 이것은 놀라운 부흥이 될 것이다.

범지구적인 청년들의 체제 이탈 현상은 부정적으로만 바라볼 것이 아니다. "교회에서 청년들이 떠나고 있다. 큰일 났다", 이러고만 있다면 정말 큰일이다. 그러나 그 이유를 정확히 직시하고 하나님이 행하시는 일을 이해할 때, 이것은 오히려 놀라운 기회가 될 수 있다! 다음 세대를 존중하고 이들에게 성령이 역사하실 자유를 줄 때 이들이 건설적인 교회의 변화를 일으킬 것이다! 이슬람권에서 이탈하는 청년들에게 사랑과 진리의 복음이 들어갈 때, 이슬람의 다음 세대가 주님께 돌아오는 기회가 될 수 있다!

이것이 크리스천 청년들이 움직여야 하는 이유다. 기존 종교에서 이탈하고 있는 선교지의 청년들에게 누가 복음을 전할 수 있을까?

아저씨들이 청년들에게 접근하는 것과 청년들이 청년들에게 접근하는 것은 완전히 다르지 않은가! 청년들이여 움직여라. 하나님이 기다리고 계신다.

도시화와 새로운 기회들

셋째, 이 시대의 특징은 도시화다. 1950년대에 약 30퍼센트였던 도시 인구는 2014년에 54퍼센트로 늘어났다. 조사 기관에 따라 차이는 있지만 앞으로 한 세대 안에 70퍼센트 이상의 사람들이 도시에 살게 되는 것은 분명해 보인다. 도시화의 중요한 특징은 문화의 통일이다. 도시는 요르단의 암만이든, 중국의 상해든, 미국의 뉴욕이든, 레바논의 베이루트든, 한국의 서울이든 그 삶이 비슷하다. 스타벅스가 있고 사람들은 맥도널드에서 점심을 먹는다.

이것은 선교에 대한 비전문인들의 진입장벽(entry barriers)을 낮추고 있다. 예전처럼 꼭 전문적으로 훈련받은 장기 선교사가 아니더라도, 단기간 선교지에서 할 수 있는 일들이 늘어나고 있다. 장기 선교사가 필요했던 가장 큰 이유는 '문화의 장벽' 때문이었다. 문화를 배우고 이해하기 위해서는 많은 시간이 필요하고, 그러기 위해서 전문적인 훈련뿐 아니라 선교지에 장기로 머물러야 하는 것이 필수였다. 그러나 도시화를 통해 문화가 통일되어가면서 이런 장벽들이 낮아지고 있다.

도시화로 인해 평범한 사람들이 할 수 있는 영역들이 더 넓어지고 있다. 전문적인 선교사가 아니라도 기본적인 훈련을 거친다면 할 수 있는 일들이 아주 많다. 도전해보고 싶지 않은가? 청년들이여, 취업이 안 된다고 한숨만 쉬고 있지 말고 당신의 영역을 넓혀라. 제 3세계에 들어간다면 당신이 할 수 있는 가치 있는 일들이 수도 없이 널려 있다. 도전하라! 할 수 있다. 움직이지 않으면 아무 일도 일어나지 않는다. 그러나 움직이면, 믿음으로 움직이면 하나님이 함께 하신다.

이슬람과 난민의 시대

이 시대 네 번째 키워드는 이슬람과 난민이다. 시리아 내전, IS, 석유 가격의 폭락 등으로 난민들은 계속 늘어나고 있다. 난민들 사이에서 전해지는 소식은 놀랍다. 거의 날마다 구원의 소식들이 전해지고 있다. 시리아에서는 몇 년을 복음을 전해도 꿈쩍도 안 하던 사람들이 난민이 되어서 놀랍게 예수를 영접하고 있다.

이유가 있다. 앞서 나누었듯이 첫째는 마음이 가난해짐으로 복음에 반응하기 시작했고, 둘째는 개인적인 개종을 어렵게 하던 무슬림 공동체가 해체된 것이다. 아무도 감시하는 사람이 없고 예수 믿었다고 뭐라 하는 사람도 없다. 이슬람이 등장하고 지난 1400년 동안 이런 적은 없었다. 정말 없었다. 교회가 고아와 과부를 돌보라는 하나님의 말씀에 순종한다면 지금은 놀라운 열매를 볼 수 있는 시대다.

향후 10년 이상, 세계는 '난민의 시대'가 될 것이다. 난민 사역은 새로운 형태의 이슬람 사역이다. 하나님께서 이슬람 사역에 새 창을 열고 계신다. 추수할 것은 많은데 일꾼이 적다. 하나님께서 무대 위에 '난민'들을 올려놓고 계신다. 그리고 초청하신다. 누가 이 무대 위에 올라올 것인가? 이 무대에 오르고 싶지 않은가? 하나님의 무대, 이전에 본 적도 없고 들은 적도 없는 무대, 그러나 하나님께서 이 세대를 위해 특별히 준비하신 무대! 영광의 무대가 준비되었다. 당당히 주인공으로 오르고 싶지 않은가?

당신의 데스티니를 이루기 원한다면 이 무대에 올라야 한다. 이전 시대의 무대는 잊고 새 무대에 올라야 한다. 거기서 하나님이 무대에 올려놓으신 과업들을 섬길 때, 무대는 성령의 조명으로 밝게 빛날 것이다.

동성애의 거센 도전

우리 시대 무대의 또 다른 특징은 동성애의 이슈다. 마치 에스더

시대의 하만과 같이 동성애 이슈는 기독교인들의 숨통을 죄어오고 있다. 더욱 고통스러운 것은 시간이 갈수록 이 압력이 더 거세질 것이라는 사실이다. 하만의 시대를 살았던 에스더의 데스티니는 그저 궁전에서 모범적인 왕후로 선한 삶을 사는 것이 아니었다. 에스더의 데스티니는 하나님의 백성에게 닥친 시대적 위기에서 그 백성을 구원하는 것이었다. 그리고 당신의 데스티니 역시 다르지 않다. 그저 당신이 처한 곳에서 모범적이고 선한 그리스도인의 삶을 살겠다고?

모르드개의 목소리를 들어보라.

> 에 4:13,14 모르드개가 그를 시켜 에스더에게 회답하되 너는 왕궁에 있으니 모든 유다인 중에 홀로 목숨을 건지리라 생각하지 말라 이때에 네가 만일 잠잠하여 말이 없으면 유다인은 다른 데로 말미암아 놓임과 구원을 얻으려니와 너와 네 아버지 집은 멸망하리라 네가 왕후의 자리를 얻은 것이 이때를 위함이 아닌지 누가 알겠느냐 하니

모르드개의 음성이 에스더에게만 향한 것으로 들리는가? 아니다. 모르드개는 지금 당신을 향해 외치고 있다. 기억하라. 데스티니는 시대적인 것이다. 그렇다면 이 거센 동성애의 도전을 어떻게 대처해야 할까? 그건 나도 모르겠다. 그러나 분명한 것은 이 시대에도 이미 하나님이 준비해두신 에스더가 있다는 사실이다. 그 에스더가 자신의 데스티니를 깨닫고 일어설 때 하나님은 반드시 길을 내실 것이

다. 그렇기에 문제는 해법을 찾는 것이 아니라 데스티니를 찾는 것이다. 그리고 그 데스티니를 향해 믿음으로 일어서는 것이다.

"죽으면 죽으리라!"

걱정하지 말라. 하나님은 당신을 죽음에 내버려두지 않으신다. 죽는 것은 언제나 하만이지 에스더가 아니니까!

세계화와 새로운 친구들

여섯 번째 시대적 특징은 세계화다. 청년 실업 문제가 심각하다. 하루가 멀다 하고 대책들이 쏟아져 나오지만, 사실 근원적인 문제를 생각해보면 청년 실업은 고성장을 멈춘 경제로 인해 새로운 일자리 창출이 어렵다는 데 있다. 또 대부분의 부(富)는 고성장 시대를 살았던 이전 세대에게 몰려 있기도 하고 말이다.

그런데 정말 일자리가 없을까? 아니다. 우리의 눈을 세계로 돌리면 일자리는 얼마든지 있다. 청년 실업의 좀 더 근원적인 원인은 땅덩어리는 좁고 사람은 많다는 것이다. 이 근원적 문제를 해결하지 않는 한 어떤 대책을 가지고 틀어막아도 반드시 다른 곳에서 샌다. 그렇다면 이 근원적 문제의 해법은 무엇일까? 그것은 세계로 나가는 것이다.

우리가 서 있고 또 앞으로 서게 될 무대는 한국 사람들끼리 일하고 한국 사람들끼리 사역하던 무대가 아니다. 그것은 이미 지나간 세대의 패러다임이다. 삼성 그룹에는 한국 사람뿐 아니라 전 세계 인종이 섞여 함께 일하고 있다. 당신의 데스티니가 서게 될 무대다. 만약 이 책을 읽고 있는 당신이 20대 미만의 청년이라면 글로벌하게 일할 준비를 하라. 당신의 데스티니는 중국 사람과 함께 이루어져갈 것이고, 당신의 데스티니는 일본 사람과 함께 만들어져갈 것이고, 당신의 데스티니는 인도네시아, 몽골, 유럽 그리고 미국 사람들과 함께 어우러지면서 완성되어져갈 것이다.

"아니, 지금까지 다들 한국 안에서 잘 살았는데요?"

그건 이전 세대의 무대다. 당신이 설 무대는 그렇지 않다.

2014년 독일과 아르헨티나가 월드컵 결승에서 만났다. 아르헨티나에는 우리가 잘 아는 축구의 신(神), 그렇다. 메시가 있었다. 메시에 비길 만한 슈퍼스타가 없던 독일 팀으로 인해 사람들은 이 결승전을 '메시 대 독일'의 대결이라고 불렀다. 그러나 결과는 우리가 알다시피 독일이 이겼다! 독일이 축구의 신을 꺾은 것이다!

독일 우승의 원동력이 무엇이었을까? 그것은 세계화였다. 2014년, 독일은 게르만 민족만으로 대표 팀을 만들었던 이전의 순혈주의를 포기했다. 2014년 독일 월드컵 대표 팀의 구성을 보면, 클로제는 폴란드 출신 사람이었고, 아사모아 역시 폴란드 사람이었다. 외질은 터키 출신이고, 사미 케디라는 튀니지, 카카우는 브라질 그리고 제롬 보아텡은 아프리카 가나 사람이었다! 가히 다국적 팀이라

해도 과언이 아니다. 그리고 이 다국적 연합팀이 월드컵 우승을 들어 올렸다. 월드컵 결승전은 '메시 대 독일'의 대결이 아니라 '메시 대세계 연합팀'의 대결이었다. 이 연합팀이 축구의 신 메시를 이긴 것이다! 우리 시대 무대가 어떤 무대인지를 보여주는 상징적 사건이다.

당신의 데스티니가 이루어지길 원하는가? 기억하라. 이제 한국 사람들끼리 움직이던 시대는 지났다. 당신의 데스티니는 중국과 함께, 일본과 함께, 미국, 독일, 아랍과 아시아 여러 민족들과 함께 완성될 것이다. 그들과 함께 설 때, 이 시대의 골리앗이 넘어지는 것을 보게 될 것이다.

이 외에도 우리 시대는 고령화 문제, 부의 양극화 문제, 자본 집중으로 인한 거대 자본의 횡포, 깨어진 가정과 그로 인한 아비 없는 세대의 문제, 남북통일의 문제, 공교육의 문제 등 이전 시대와는 다른 무대가 형성되고 있다. 그리고 기억하라. 당신의 데스티니는 이 무대 위에서 이루어진다. 이전 시대의 무대를 잊어라. 당신의 데스티니와 상관없는 무대니까. 새 무대에 오르라. 그곳이 당신의 데스티니가 이루어질 무대다! 데스티니는 개인적이기보다는 시대적이다.

다윗의 데스티니를 가진 세대여,
일어나라!

시대에 대한 이야기가 당신의 상황과 맞지 않는 너무 큰 이야기라고 생각되는가? 처음에 이야기하지 않았는가? 데스티니는 항상 당신의 생각보다 크다고 말이다. 당신이 너무 크다고 생각하는 일들을 하나님은 당신을 통해 계획하고 계시고, 계획하실 뿐만 아니라 이루실 것이다. 믿음을 가져라. 데스티니는 믿음이 없이는 이루어지지 않는다.

이 시대의 골리앗들이 다가오고 있다. 하나님의 나라를 위협하는 골리앗이 말이다. 다윗의 데스티니를 가진 세대여 일어나라. 골리앗이 바로 앞에 있다! 네 손에 들린 작은 돌을 보아라. 너무 작고 평범하다고? 걱정하지 마라. 하나님의 손에 붙잡힌 것은 그 어떤 것도 작고 평범하지 않다. 믿음으로 데스티니에 들어서는 순간, 당신의 그 작고 평범한 인생은 무시무시한 골리앗을 쓰러뜨리는 강력한 병기가 될 것이다. 당신의 데스티니는 골리앗을 쓰러뜨리는 것이다.

응? 아직도 하란에 있다고? 시간이 멈춘 그곳에 있으면 안 된다. 규격품을 찍어내고 있는 하란에서는 당신을 유일하고 독특하게 만드신 하나님의 위대한 창조성이 드러날 수 없다. 이 책을 다 읽었다면 이제 일어나 짐을 꾸려라. 데스티니는 책을 읽는다고 이루어지지 않는다. 하나님 앞에 나아가라. 당신 인생을 향한 성령의 음성을 들어라. 그리고 움직여라.

그래, 바로 그것이다. 짐을 싸서 하란을 떠나라. 당신의 안전지대를 떠나 이 시대를 위협하는 골리앗을 향해 과감하게 도전하라. 평범한 조약돌로 골리앗을 쓰러뜨리는 놀라운 데스티니의 돌파가 당신을 기다리고 있을 것이다. 잊지 말라. 당신의 데스티니는 당신의 생각보다 크다. 당신의 데스티니는 이 시대의 골리앗을 쓰러뜨리는 것이다.

God Bless You, David!

데스티니 : 하나님의 계획

초판 1쇄 발행   2016년 10월 28일
초판 25쇄 발행   2025년 4월 22일

지은이   고성준

펴낸이   여진구
책임편집   안수경
편집   이영주 박소영 최현수 구주은 김도연 김아진 정아혜
책임디자인   마영애 노지현 조은혜 정은혜
홍보 · 외서   진효지
마케팅   김상순 강성민   마케팅지원   최영배 정나영
제작   조영석 허병용   경영지원   김혜경 김경희

303비전성경암송학교 유니게 과정
이슬비전도학교 / 303비전성경암송학교 / 303비전꿈나무장학회

펴낸곳   규장

주소 06770 서울시 서초구 매헌로 16길 20(양재2동) 규장선교센터
전화 02)578-0003   팩스 02)578-7332
이메일 kyujang0691@gmail.com   홈페이지 www.kyujang.com
페이스북 facebook.com/kyujangbook   인스타그램 instagram.com/kyujang_com
카카오스토리 story.kakao.com/kyujangbook
등록번호 1922-2461
since 1978.08.14

ⓒ 저자와의 협약 아래 인지는 생략되었습니다.
이 출판물은 저작권법에 의해 보호를 받는 저작물이므로 무단 전재와 무단 복제를 할 수 없습니다.

책값   뒤표지에 있습니다.
ISBN 978-89-6097-473-9 03230

규 | 장 | 수 | 칙

1. 기도로 기획하고 기도로 제작한다.
2. 오직 그리스도의 성품을 사모하는 독자가 원하고 필요로 하는 책만을 출판한다.
3. 한 활자 한 문장에 온 정성을 쏟는다.
4. 성실과 정화을 생명으로 삼고 일한다.
5. 긍정적이며 적극적인 신앙과 신행일치에의 안내자의 사명을 다한다.
6. 충고와 조언을 항상 감사로 경청한다.
7. 지상목표는 문서선교에 있다.